Barentssee

Jakobselva

Kirkenes
Näätämö
NORWEGEN
RUSSLAND

Norwegische
See

Vuotso

Oulanka

Vartius

FINNLAND

SCHWEDEN

Ilomantsi

Bottnischer
Meerbusen

Lappeenranta
Ladoga-
see

Helsinki

Oslo

Kloogaranna

Stockhom

Tallin
ESTLAND

RUSSLAND

Ostsee

Ikla

Upesgriva

Riga
LETTLAND

DÄNEMARK

Karkle

LITAUEN

Wilna

Kopenhagen

Elblag

Mielno

RUSSLAND

Wizajny

Minsk

Neu-
Darchau

Born

WEISSRUSSLAND

Berlin

Warschau

Ilsenburg

DEUTSCHLAND

POLEN

Frankenheim

Prag

Kiew

As

TSCHECHISCHE
REPUBLIK

UKRAINE

Wildendürnbach

SLOWAKEI

Altreichenau

Bratislava

Wien

Podersdorf

Budapest

MOLDAWIEN

Szentgotthard

ÖSTERREICH

UNGARN

Chisinau

Ljubljana

Zagreb

SLOWENIEN

KROATIEN

Novaki

RUMÄNIEN

Belgrad

Bukarest

Coronini

Crna Bara

SERBIEN

Sarajewo

BOSNIEN UND
HERZEGOWINA

Trgoviste

BULGARIEN

Schwarzes
Meer

Rom

Podgorica

Sofia

MONTENEGRO

Skopje

Obel

Carevo

KORSIKA

ITALIEN

MAZEDONIEN

Trigrad

Rizia

Tirana
ALBANIEN

SARDINIEN

Ankara

GRIECHENLAND

TÜRKEI

Athen

Tunis

SIZILIEN

PELOPONNES

Mittelmeer

TUNESIEN

Joachim Franz
Matthias Huthmacher

IRON CURTAIN TRAIL

Mit dem E-Bike
von Norwegen zum
Schwarzen Meer

Delius Klasing Verlag

Verlagshinweis
Besitzer von Smartphoncs oder Tablets können die in diesem Buch
platzierten QR-Codes zum direkten Aufruf von Bildern und Videos nutzen.
Dafür notwendig ist der Download einer QR-Reader-App. Nach dem
Download muss die App lediglich gestartet werden. Die Kamera des Smart-
phones dann ca. 10 cm über einen QR-Code im Buch halten – und schon
öffnet sich automatisch das entsprechende Bildmaterial. Alternativ kann
auch der angegebene Weblink im Suchfenster des Internet-Browsers
eingegeben werden.

Bibliografische Information der Deutschen Nationalbibliothek
Die Deutsche Nationalbibliothek verzeichnet diese Publikation
In der Deutschen Nationalbibliografie; detaillierte bibliografische
Daten sind im Internet über http://dnb.dnb.de abrufbar.

1. Auflage
ISBN 978-3-667-10450-2
© Delius Klasing & Co. KG, Bielefeld

Lektorat: Mathias Müller
Karte: John Bassiner
Fotos: ABENTEUERHAUS GMBH (Joachim Mottl/Sandra Wukovich),
außer Seite 12: Janina Snatzke
Umschlaggestaltung: Felix Kempf, www.fx68.de
Layout: Gabriele Engel
Lithografie: scanlitho.teams, Bielefeld
Gesamtherstellung: Print Consult, München
Printed in Slovakia 2016

Delius Klasing Verlag, Siekerwall 21, D - 33602 Bielefeld
Tel.: 0521/559-0, Fax: 0521/559-115
E-Mail: info@delius-klasing.de
www.delius-klasing.de

Inhalt

ЕВРОПЕЙСКИ ПАРЛАМЕНТ   PARLAMENTO EUROPEO   EVROPSKÝ PARLAMENT   EUROPA-PARLAMENTET
EUROPÄISCHES PARLAMENT   EUROOPA PARLAMENT   ΕΥΡΩΠΑΪΚΟ ΚΟΙΝΟΒΟΥΛΙΟ   EUROPEAN PARLIAMENT
PARLEMENT EUROPÉEN   PARLAIMINT NA hEORPA   PARLAMENTO EUROPEO   EIROPAS PARLAMENTS
EUROPOS PARLAMENTAS   EURÓPAI PARLAMENT   IL-PARLAMENT EWROPEW   EUROPEES PARLEMENT
PARLAMENT EUROPEJSKI   PARLAMENTO EUROPEU   PARLAMENTUL EUROPEAN
EURÓPSKY PARLAMENT   EVROPSKI PARLAMENT   EUROOPAN PARLAMENTTI   EUROPAPARLAMENTET

Der Präsident

305587   24.03.2014

Herrn
Joachim Franz
Abenteuerhaus GmbH
Goethestraße 42
D - 38440 Wolfsburg

Sehr geehrter Herr Franz,

hiermit danke ich Ihnen für Ihr Schreiben vom 31. Januar 2014, in dem Sie um die Schirmherrschaft des Europäischen Parlaments für Ihr Projekt „EE xpedition" auf dem Radweg „Iron Curtain Trail" ersuchen, das am 27. Juni 2014 starten wird.

Der Fall des Eisernen Vorhangs markierte das Ende einer fast fünfzig Jahre langen Teilung des Ostens und des Westens sowie das Ende einer Gewaltherrschaft. Er steht jedoch auch für den Beginn eines vereinten Europa, das auf Freiheit, Demokratie, Würde und Respekt beruht, so wie wir es heute kennen. Der Europäischen Union kommt eine besondere Verantwortung zu, diese Werte sowohl innerhalb als auch außerhalb Europas zu fördern und zu wahren. Es müssen daher Maßnahmen und Projekte wie das Ihrige ins Leben gerufen werden, um die Öffentlichkeit über eines der wichtigsten Ereignisse in der Geschichte Europas des 20. Jahrhunderts zu informieren und dafür zu sorgen, dass ihre Erinnerungen daran nicht verblassen.

Das Projekt „Iron Curtain Trail" wurde von einem Mitglied des Europäischen Parlaments initiiert und von unserem Organ von Beginn an begrüßt und geschätzt . Die Idee Ihres Projekts „EE xpedition" – nämlich den Radweg in seiner kompletten Länge per Elektrofahrrad in Szene zu setzen, wodurch die Geschichte Europas ins Bewusstsein gerückt werden und gleichzeitig ein Dialog über neue, nachhaltige Mobilität gefördert werden soll – ist sehr begrüßenswert. Daher freue ich mich sehr, die Schirmherrschaft des Europäischen Parlaments[2] für ihre Veranstaltung gewähren zu können.

Ich möchte Ihnen meine besten Wünsche für den erfolgreichen Verlauf der Veranstaltung übermitteln.

Mit freundlichen Grüßen

Martin Schulz

er Eiserne Vorhang verlief auf einer Länge von 10 000 Kilometern von der Barentssee bis zum Schwarzen Meer durch ganz Europa und trennte den Kontinent mehr als vier Jahrzehnte lang in Ost und West. Bis zu den friedlichen Revolutionen in Ostmitteleuropa war er die physische und ideologische Grenze zweier sich feindlich gegenüberstehender Blöcke. Er trennte nicht nur viele Nachbarstaaten voneinander, sondern spaltete auch Deutschland. Heute ist von dem ehemaligen Todesstreifen kaum noch etwas zu sehen, seine Relikte erinnern uns, aber sie trennen uns nicht mehr.

Man muss Erinnerung sichtbar machen! Der Eiserne Vorhang ist Symbol einer gemeinsamen, gesamteuropäischen Erfahrung im wiedervereinigten Europa. Er ist Bestandteil des kollektiven Gedächtnisses, mit dem die viel beschworene Europäische Identität gefördert werden kann.

Nach dem Vorbild des Berliner-Mauer-Radweges und des Deutsch-Deutschen-Radweges entsteht nun entlang des ehemaligen Eisernen Vorhangs ein Rad- und Wanderweg, der Reisen auf den Spuren der gemeinsamen Geschichte unseres Kontinents ermöglicht. Das 10 000 Kilometer lange »Grüne Band« von der Barentssee zum Schwarzen Meer steht seit 2002 unter der Schirmherrschaft von Michail Gorbatschow, dem früheren Präsidenten der Sowjetunion. 20 Länder sind an diesem Projekt beteiligt, darunter 15 Mitgliedsstaaten der EU. In vielen Regionen wird noch an der Verwirklichung des Projekts gearbeitet, doch schon heute sind zahlreiche Abschnitte ausgeschildert und ausgebaut.

Der Radweg, für den die Bürgerrechtler Lech Wałęsa, Marianne Birthler und Václav Havel die Schirmherrschaft übernommen haben, verläuft durch mehrere Nationalparks und verbindet eine Vielzahl einzigartiger Landschaften, die wegen ihrer vormaligen Sperrzonen nahezu unberührt geblieben sind. Er verbindet aber auch unzählige Mahnmale, Museen und Freiluft-Einrichtungen, die an die Geschichte der Spaltung Europas erinnern.

Die Route des Iron Curtain Trail wurde nach den folgenden fünf Kriterien ausgewählt:

- möglichst nahe an der ehemaligen Grenze
- auf komfortabel zu befahrenden Wegen
- stark befahrene Straßen vermeidend
- die ehemalige Grenze häufig querend
- viele Zeugnisse der Geschichte integrierend

Seit dem Fall des Eisernen Vorhangs in Europa sind 25 Jahre vergangen. Wilhelm von Humboldt hat einst gesagt: »Nur wer seine Vergangenheit kennt, wird die Zukunft meistern.« Wenn wir die Zukunft Europas positiv gestalten wollen, müssen wir uns mit der Vergangenheit auseinandersetzen.

Ich bin daher froh, dass Joachim Franz und sein Team mit der »E-Expedition Iron Curtain Trail« auf eine ganz neue Art dazu beigetragen haben, diesen Brückenschlag zwischen Vergangenheit und Zukunft mit zu gestalten. Zu dieser Zukunft gehört aber auch ein Umdenken im Umgang mit der Mobilität. Joachim Franz und sein Team haben diesen Aspekt der Zukunftsbewältigung in ihre Expedition eingebunden. Auch dafür gilt ihnen mein Dank.

Michael Cramer
Mitglied des Europäischen Parlaments;
Vorsitzender im Ausschuss
für Verkehr und
Fremdenverkehr

Ein Wort zu Europa

Als wir im Sommer 2014 die Expedition Iron Curtain Trail durchführten, geschah dies in einem Europa, das noch nicht mit den gewaltigen Flüchtlingsströmen zu kämpfen hatte, die im Sommer 2015 einsetzten. Wir haben die Grenzen in Mitteleuropa und auf dem Balkan zigfach und ohne Probleme kreuzen können. Uns allen, die wir dabei waren, ist im Verlauf dieser Expedition klar geworden, welch wertvolles Gut der Europäische Gedanke darstellt. Ich persönlich bin in dieser Zeit endgültig zum überzeugten Europäer gereift.

Heute könnten wir eine solche Expedition in dieser Form gar nicht mehr durchführen. Heute stehen wieder Zäune auf einigen der von uns passierten Grenzen. Das ist schon traurig genug. Noch mehr erschüttert mich jedoch, wie sehr sich im Zuge der sogenannten Flüchtlingskrise wieder nationales Denken entfaltet. Es erschüttert mich zu sehen, dass es Kräfte in Europa gibt, die Menschen in Not ihre Hilfe verweigern wollen. Das ist nicht mein Europa!

Ich habe indes auch gesehen, in welchem Maße viele Menschen Flüchtlingen gegenüber bewundernswerte Hilfsbereitschaft gezeigt haben. Das gibt mir Zuversicht. Ich glaube daher fest an jenes Europa, das ich im Verlauf der Expedition Iron Curtain Trail für mich persönlich entdeckt habe. Ich glaube an ein offenes, großzügiges Europa, an gemeinsame Europäische Werte. An diesen Werten werde ich festhalten.

Joachim Franz

Eine Idee wird geboren

Es begann mit einem Telefonat. Anfang April 2013 erhielt ich einen Anruf aus dem Wolfsburger Rathaus. Oberbürgermeister Klaus Mohrs ließ anfragen, ob ich die Moderation der Festveranstaltung zum 75. Geburtstag der Stadt übernehmen würde. Da vieles in Wolfsburg mit Mobilität zu tun hat und ich einen Bogen von der Vergangenheit in die Zukunft schlagen wollte, entschied ich mich bei der Gala am 28. Juni 2013 für den Auftritt mit einem E-Bike in futuristischem Design. Das kam an. Noch am selben Abend fragte mich einer der Vorstände der Wolfsburg AG, dem Zusammenschluss aus Stadt und Volkswagen AG, ob ich mir nicht eine E-Bike-Aktion für die Region vorstellen könne? E-Mobilität brauche emotionale Geschichten, um das Interesse an neuen Mobilitätsformen zu wecken, einen Umdenkprozess zu fördern. Donnerwetter, dachte ich, eine ebenso herausfordernde wie interessante Aufgabe.

Ende August 2013 stand das Konzept zur »E-Expedition – Iron Curtain Trail«: mit dem E-Bike auf den Spuren des ehemaligen Eisernen Vorhangs, vom Nordmeer bis zum Schwarzen Meer. Der Aspekt des »Umdenkprozesses« hatte mich auf die Idee gebracht. 2014 würde es 25 Jahre her sein, seit der durch ganz Europa gezogene Eiserne Vorhang sich öffnete. Der Wegfall dieser Trennlinie aber schuf nicht nur politisch eine vollkommen neue Situation, er hatte auch für die Bürger Europas einen gewaltigen Umdenkprozess zur Folge. Genauso erfordert die Mobilität der Zukunft einen Umdenkprozess, die Bereitschaft, neue Wege zu gehen. Warum also nicht diese beiden Aspekte miteinander verbinden? Die Klammer dazu würde der »Europa Radweg 13, Iron Curtain Trail« bilden. Dieser vereint europäische Geschichte mit nachhaltigem Tourismus und leistet so einen Beitrag zum Zusammenwachsen Europas. Damit ruht diese Expedition auf drei Säulen: historisches Erinnern, neue Mobili-

tät und europäischer Gedanke. Womit ich auch den »Vater«
des Europa-Radwegs Iron Curtain Trail für mein Vorhaben
gewinnen konnte: Michael Cramer ist Vorsitzender des Aus-
schusses für Verkehr und Fremdenverkehr im Europäischen
Parlament, und es ist seine Initiative gewesen, diesen Radweg zu schaffen, um auf einer Strecke von fast 10 000 Kilometern europäische Geschichte, Politik, Natur und Kul-
tur erlebbar zu machen. Auch der Starttermin war schnell
gefunden. Am 27. Juni 1989 durchtrennten der damalige
österreichischen Außenminister Alois Mock und sein ungarischer Amtskollege Gyula Horn erstmals symbolisch den
Eisernen Vorhang. Wir würden auf den Tag genau 25 Jahre
später aufbrechen.

Die Vorbereitung

Eine gewaltige Aufgabe lag vor uns. Da erwies sich die Streckenplanung noch als geringste Schwierigkeit, denn die »Bikeline Radkarten« liefern einen gut nutzbaren roten Faden. Als nächstes stellte sich die Frage: Wer fährt mit? Mir war klar, dass ich nicht einfach zum Telefonhörer greifen konnte, um ein paar Freunde mit dem flotten Satz auf den Lippen zu fragen: »Hey, Bock auf eine 9000 Kilometer lange E-Bike-Tour im Sommer 2014, so etwa 30 Tage lang?«

Doch da gab es ja Christian! Christian Roth, Geschäftsführer des E-Bike-Store in Wolfsburg, der mir jenes Future-E-Bike zur Verfügung gestellt hatte, mit dem ich im Juni auf die Bühne geradelt war. Genau genommen war er also schuld an diesem Abenteuer. Christian und mich verbindet eine mehr als zwanzigjährige Freundschaft. Keine, bei der man sich ständig auf dem Schoß sitzt. Aber eine, die sich bei jedem Aufeinandertreffen immer wieder als beständig erwiesen hat. Ich wusste von gemeinsamen Mountainbike-Ausfahrten, dass Christian ein sehr guter Radfahrer ist. Im Gegensatz zu mir hatte er zwar noch nie eine monatelange Expedition hinter sich gebracht, aber immerhin schon eine Alpenquerung im Sattel absolviert. Er behauptet bis heute, ich hätte ihn mit der ganzen Geschichte überrumpelt. Fakt war: Jetzt stand er plötzlich vor der größten sportlichen Herausforderung seines Lebens.

Damit begann die Zeit des Trainings. *Merida* stattete uns zunächst mit E-Mountainbikes aus der 2013er Serie aus. Für mich hieß es jetzt: umdenken, anders trainieren, sich auf etwas Neues einlassen. Hatte ich noch bis vor kurzem zu jenen gehört, die E-Bikes mit Ignoranz strafen, so musste ich nun begreifen: Nein, man ist nicht alt, wenn man E-Bike fährt. Irgendwann fasste ich mir also ein Herz und stieg zur ersten Testfahrt auf. »Holla, die Waldfee« – das ging ja ab

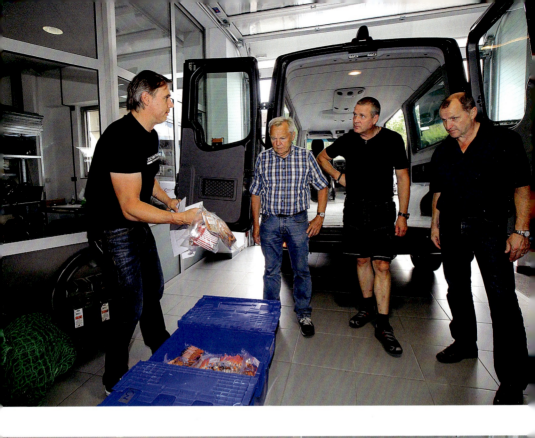

wie die Feuerwehr! Aber ach, ich war gleich im »Turbo«-Programm gestartet. Also runter schalten auf »Eco«. Die Erkenntnis: »So viel Unterstützung bringt das gar nicht.«

Nach 20 Kilometern stand ich an einer roten Ampel. Neben mir hielt ein Rennrad und jemand fragte: »Joachim?« Hey, ein alter Freund aus Triathlon-Zeiten. Doch die Freude dauerte nur wenige Sekunden – dann fiel sein Blick auf mein Bike und dann auf den Akku. Stille. Betroffenheit. Fragende, fast mitleidige Blicke. Nonverbale Kommunikation nennt man das. Ich konnte jedoch seine Gedanken lesen: »Bist du krank? Alt geworden? Gebrechlich?« Die Ampel schaltete auf Grün und ich blieb erst einmal stehen.

Dieses Zusammentreffen war rückblickend der Augenblick, an dem ich mich auch innerlich klar für die »E-Expedition – Iron Curtain Trail« entschied. Aus einer tollen Idee wurde in diesem Moment eine Botschaft. Wenn wir nicht lernen, den Dingen offen und ohne Vorbehalt gegenüber zu stehen, nicht mehr neugierig und lernfähig sind, dann werden wir die Zukunft nicht meistern!

Auf unseren Trainingsfahrten trafen Christian und ich immer wieder auf »die anderen« Biker, die verächtlich schauten. Wer aber den Dialog suchte, bekam Antwort: »Wenn du vier Stunden hart auf deinem Bike trainierst, dann fühlst du dich kaputt und müde. Wenn du vier Stunden hart auf einem E-Bike trainiert hast, wie fühlst du dich dann? Du bist genauso kaputt und müde – aber 30, 40 Kilometer weiter gefahren. Über die Intensität des Radfahrens entscheidet immer noch der, der im Sattel sitzt.«

Die Trainingsdistanzen wuchsen jetzt schnell an. 100, 150 oder 200 Kilometer waren keine Seltenheit. Allein zwischen Januar und Juni 2014 absolvierte ich etwa 6500 Trainingskilometer. Christian und ich einigten uns schon früh darauf, die Expedition im E-Modus »Tour« zu absolvieren. »Eco« bot

schlicht zu wenig Unterstützung, »Sport« und »Turbo« wiederum zehrten zu sehr an der Reichweite der Akkus.

Im März 2014 bekamen wir die Expeditions-Räder: vier Merida MTB Big.Nine E-Lite 900 DX. Wir montierten einen anderen Sattel und eine etwas geneigtere Sattelstütze, Liege-

lenker und komfortable Griffvarianten. Das war's. Der Spaß
an langen Distanzen stieg von Wochenende zu Wochenende. Natürlich gab es auch die weniger lustigen Begebenhei-
ten. Etwa der Ausfall des E-Motors mitten im Harz und der
100 Kilometer lange Rückweg ohne elektrische Unterstützung. Was für eine Plackerei!

Es ging auch nicht immer ohne Blessuren ab. Ende April
legte ich bei einer Ausfahrt mit dem Crossbike einen Über-
schlag hin. Christian stürzte bei einer Trainingseinheit, als
er, das Rad über der Schulter, beim Überqueren eines Baum-
stamms ausrutschte. In diesen Fällen bog uns die Chiroprak-
tikerin Cathi Telle wieder gerade – die permanente medizini-
sche Betreuung gehört unabdingbar zu den Vorbereitungen
auf solche Abenteuer dazu.

Anfang Juni erfolgte die Generalprobe: Wolfsburg–Usedom–Wolfsburg, 750 Kilometer in zwei Tagen. Wir wollten
testen, wie das Aufladen der Akkus im Auto klappt, wie sich
ein Begleitfahrzeug im Verkehr um uns kümmern konnte
und wie wir mit den Tagesleistungen von jeweils 375 Kilometern klarkommen würden. 13 Stunden brauchten wir am
ersten, 14 Stunden am zweiten Tag. Danach waren wir froh,
wieder in Wolfsburg zu sein. Christian aber sagte: »Jetzt nur
noch 28 Mal so eine Strecke und wir hätten den Iron Curtain
Trail geschafft.« Wer braucht eigentlich solche Freunde?

Mit der sportlichen Vorbereitung allein war es indes nicht
getan. Wir brauchten ein Team. Klar war zunächst nur: Wir
sind zwei Radfahrer und benötigen ein Begleitfahrzeug mit
zwei Mann an Bord. Und mehr noch: Die Expedition sollte
ja keine Privatveranstaltung werden. Wir wollten via Medien
eine Botschaft vermitteln. Wir mussten also einen Journalisten, einen Fotografen und ein Filmteam dabei haben. Da
wir unterwegs möglichst in freier Wildbahn oder bei netten
Menschen auf der Wiese lagern wollten, sollte außerdem
ein dreiköpfiges Begleitteam gebildet werden, das entsprechende Plätze finden und vorbereiten würde. Macht summa
summarum elf Personen, verteilt auf vier Fahrzeuge.

Im Lauf des Frühjahrs fügten sich alle Puzzleteile zu einem
Gesamtwerk zusammen. Die Volkswagen AG erklärte sich

bereit, die erforderlichen Autos bereit zu stellen. Dann kam das Angebot der Firma *Robel*, die Freizeitmobile auf VW-Basis produziert, uns zusätzlich noch ein Wohnmobil als Heim für die Sportler zur Verfügung zu stellen.

Auch das Expeditionsteam nahm Gestalt an. Das Team Strecke, das uns Radfahrer aus einem VW Multivan versorgen würde: Willy Mohrmann, bereits 2008 mit mir unterwegs gewesen, jetzt Fahrer und E-Bike-Mechaniker in einem. Didi Lorenz, seit 2003 Urgestein meiner Expeditionen und bald 70 Jahre alt, auch diesmal wieder Streckennavigator, aber nur mit einem Zeitfenster für den ersten Teil der Strecke. Und Riccardo Margagliotta, Mitarbeiter unserer Agentur und Schwiegersohn. Er würde Didi nach der halben Strecke ablösen.

Das Lagerteam: Manfred Reinecke, ebenfalls seit 2008 dabei, mit dem Robel-Wohnmobil. Detlef Kern, auch er seit 2008 an meiner Seite, und Dietlinde Siedentopf als Neuling, beide mit einem VW Crafter und der gesamten Ausrüstung betraut. Dietlinde fiel als ausgebildeter Ergotherapeutin und Fitnesstrainerin außerdem die Aufgabe der medizinischen Betreuung zu.

Die beiden Medienteams, jeweils mit einem VW Caddy auf Achse: Die Filmcrew, bestehend aus Kameramann Max-Martin Bayer, der 2011 mit mir um die Welt gereist war und Filmredakteur Olmo Hennecke. Die Text- und Fotocrew mit dem Journalisten und langjährigen Freund Matthias Huthmacher, der mich in der Vergangenheit auf allen wichtigen Expeditionen begleitet hat, sowie als Debütant der Fotograf Joachim Mottl. Die Aufgabe der Medienteams war klar: Online-Tagebuch, Facebook, Youtube, Nachrichtenagenturen, Tageszeitungen und Magazine, sie alle galt es, mit Stoff zu beliefern.

Dazu kam das Basislager in Wolfsburg, passend zum Thema auf der E-Mobility-Station angesiedelt: Von hier aus würde Sandra Wukovich, Mitinhaberin unserer Agentur, die gesamte Koordination leiten. Hier fanden auch die Pressekonferenzen statt, konnten interessierte Bürger an großen Bildschirmen den Expeditionsverlauf verfolgen.

Am Sonntag, dem 22. Juni 2014, traf das gesamte Team in Wolfsburg zusammen. Packtag. Nahrungsmittel, Werkzeug und Ersatzteile, medizinisches Equipment, alles, was man eben so braucht auf einer wochenlangen Expedition. Dazu vier Bikes, zwei Mannschaftszelte, neun Feldbetten, Feldküche und Massagebank, die gesamte Medienausrüstung sowie die persönliche Habe der Teammitglieder – eine Menge Reisegepäck.

Jetzt lief der Countdown. Am nächsten Tag, 23. Juni, fand die große Abschluss-Pressekonferenz auf der E-Mobility-Station statt. Der Oberbürgermeister, der Vorstand der Wolfsburg AG und Michael Cramer kamen. Vertreter der Metropol Region, des Schaufensters E-Mobilität, des ADFC und unserer Partner. Fernsehen und Rundfunk, Zeitungsjournalisten. Die E-Tankstelle war brechend voll. Ein guter Anfang für uns, die wir mit unserer Expedition ein sichtbares Zeichen setzen wollen.

Der letzte Abend vor dem Aufbruch in das große Abenteuer. Mich beschlich wieder dieses Gefühl, als würde ich für immer gehen. Ich habe einige Zeit gebraucht, um zu begreifen, was mir dieser Gedanke sagen will. Dabei ist es ganz einfach: Derjenige, der du vor dem Aufbruch bist, geht für immer. Man kommt wieder, ist aber ein anderer Mensch. Wir machen Erfahrungen, und Erfahrungen prägen uns. Ich werde bei meiner Rückkehr reicher sein an Erlebnissen, mit neuen Eindrücken in Herz und Kopf. Und vielleicht auch wieder etwas demütiger.

Auch das gehört dazu: Rede und Antwort stehen bei der Pressekonferenz vor dem Aufbruch

Das gesamte Team – und das Wappenbanner der Stadt Wolfsburg, das wir mit auf die lange Reise nehmen

Der Tross rollt über die Öresund-Brücke
zwischen Dänemark und Schweden

Die Fahrt gen Norden

D ienstag, 24. Juni 2014, 4:00 Uhr. Der Wecker klingelt. Rasch unter die Dusche, auf die Schnelle einen Kaffee trinken und bloß nicht zu lange »Tschüss« sagen. Als ich die Tür hinter mir schließe, ist es eher so, als würde es zum Einkaufen gehen und nicht auf große Fahrt. Vielleicht haben die Vorbereitungszeit und der Stress mit den zwischen viel zu viel Arbeit eingeschobenen Trainingseinheiten einen Teil meiner Begeisterung aufgefressen. Jetzt sind alle Gedanken über die Herausforderungen und Ungewissheiten auf dem Weg wie weggeblasen. Ich funktioniere an diesem Morgen einfach, vermutlich auch aus vielen Jahren der Expeditions-Routine heraus.

Das Wohnmobil wird uns Radfahrern unterwegs als Schlafzimmer dienen

5:30 Uhr, alle Team-Mitglieder sind am E-Bike-Store eingetroffen. Hier und da gibt es noch eine Verabschiedungsszene. Eine letzte Besprechung, das Briefing für die Fahrt gen Norden. Es folgt der Treueschwur. Das gesamte Team bildet einen Kreis, jeder legt die Arme auf die Schultern des Nachbarn und dann wird es laut: »Schaffen wir das? Ja, wir schaffen das!«

Pünktlich um 6:30 Uhr setzt sich der Tross in Bewegung. Ich bin müde. In den letzten zwei Wochen war ich vor lauter Stress zu keinem Training mehr gekommen, hatte unter Schlaflosigkeit gelitten, dazu kam eine wenig vernünftige Ernährung. Warum müssen die letzten Wochen vor dem Start zu einer Expedition immer so sein? Ich schlafe ein. Nach zwei Stunden kommt der Konvoi erstmals zum Stehen. Fahrerwechsel, kurze Pause. 15 Minuten, genug Zeit für einen Kaffee. Dann geht es weiter. Das ist jetzt der Rhythmus für die nächsten Tage. Mehr als 3000 Kilometer Anfahrt sind es bis zum eigentlichen Startpunkt im hohen Norden. Das Wohnmobil gibt das Tempo vor. 100, 110 Kilometer pro Stunde – die Zeit verrinnt zäh.

Wichtig bei 3000 Kilometern Anfahrt bis zum Startpunkt der Expedition: Lockerungsübungen während des Auto-Marathons

Wir passieren Hamburg und Kopenhagen. In der Nacht huschen wir an Malmö und Stockholm vorbei. Es wird

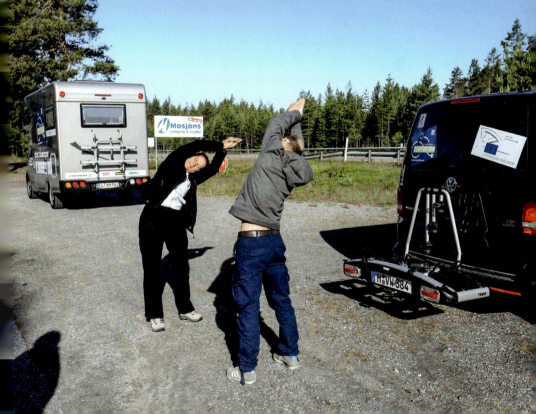

Zunächst geht es noch auf gut ausgebauten skandinavischen Schnellstraßen voran

abwechselnd gefahren und geschlafen. Die Temperatur fällt auf sieben Grad, aus Regen wird Hagel, der die Straße innerhalb von Minuten mit einer dünnen Eisschicht überzieht. Alter Schwede – es ist Ende Juni! Wir sind jetzt so weit im Norden, dass es nicht mehr richtig dunkel wird. Wir folgen der Blauen Küste Schwedens noch bis Luleå, drehen auf Nord-Kurs, fahren im weichen Licht der skandinavischen Sommersonne hinein in die Einsamkeit Lapplands, durch endlos scheinende Wälder und saftig grüne Wiesenlandschaften. Überall Wasser, zahllose Seen, Flüsse und Bäche – eine Landschaft, die uns für die Strapazen dieses Marathons entschädigt.

Am Abend sinken die Temperaturen auf unter fünf Grad, Regenschauer setzen ein. Wir passieren den Polarkreis und ich entscheide, dass das Team heute Nacht noch einmal richtig ausschlafen soll. Bei Kaamanen im Norden Finnlands überfallen wir daher die Hüttenanlage »Neljän Tuulen Tupa«, bekommen unter den rauchgeschwärzten Balken der Gaststube eine Lachssuppe und Jägersteaks serviert, dazu das finnische Traditionsbier Lapin Kulta. Es ist schon nach Mitternacht, als ich in der Koje liege. Durch das kleine, holzgerahmte Fenster fällt noch immer fahler Sonnenschein und meine Gedanken kreisen. Morgen werden wir an der Küste des Polarmeeres stehen. Dann geht es tatsächlich los.

Später folgen schmale Sträßchen durch die verträumten Landschaften des Nordens

DONNERSTAG, 26. JUNI 2014:

Jakobselva – Näätämö

116 Tageskilometer / 116 Gesamtkilometer

U m 7:30 Uhr: Abflug. Die letzten Kilometer auf vier Rädern, über die Grenze nach Norwegen hinweg. Kein Auto weit und breit außer unserer Kolonne. 9:45 Uhr: Ankunft in Kirkenes. 3035 Kilometer zeigen die Autotachos an. Jetzt steht noch unsere erste Begegnung an. Das Expeditions-Konzept sieht schließlich möglichst viele Kontakte zu Menschen vor, die mit einem unserer Themen in Verbindung stehen. Hier im hohen Norden ist das Yngve Labahå, Geschäftsführer des Volkswagen-Autohauses in Kirkenes, der auch gleich die lokale Presse eingeladen hat. Nach Interviews und Fotoshooting erklärt Yngve den immensen Erfolg der Elektromobilität in Norwegen.

Der Expeditionsstart naht: Radfahrer und Filmcrew machen sich bereit

Der, dank seiner Einnahmen aus Öl- und Gasförderung aus der Nordsee, reiche Staat verzichtet beim Kauf eines Elektroautos auf den ansonsten horrend hohen Einfuhrzoll, dazu zehn Jahre lang auf die Kfz-Steuer und auf die allenthalben erhobenen Mautgebühren. Außerdem dürfen E-Autos auf öffentlichen Parkplätzen kostenlos parken, an den zahlreich vorhandenen Ladestationen kostenfrei Strom zapfen sowie die Bus- und Taxispuren in den Städten nutzen. Kein Wunder, dass Norwegen in Europa das Land mit den höchsten Verkaufszahlen für Elektroautos ist. Und weil Yngve erstens von der Zukunft der Elektromobilität überzeugt ist, zweitens nahe des ehemaligen Eisernen Vorhangs lebt und drittens uns etwas Gutes tun will, stellt er uns für die erste Etappe der Expedition einen VW e-Up zur Seite.

Der nahezu lautlos dahinrollende Begleiter weist uns den Weg zum etwa 60 Kilometer weiter nordöstlich fließenden Jakobselva. Dort, wo sich dieser Grenzfluss zwischen Norwegen und Russland ins Nordmeer ergießt, begann seinerzeit der Eiserne Vorhang. Und hier beginnt heute unser großes Abenteuer. Das Wetter passt zur Vorstellung einer düsteren Vergangenheit. Es ist kalt, kaum über null Grad, und wir stehen dick eingepackt auf einem Felsen direkt am Wasser. Christian und ich sehen uns an: Es geht nun also wirklich los? Vieles fällt in einem solchen Augenblick von einem ab, anderes kocht hoch. Wir sind aufgedreht, als wir vielleicht zum ersten Mal in ganzer Tragweite erfassen, auf was wir uns eingelassen haben. Vor uns liegen mehr als 9000 Kilometer, die wir in 30 Tagen ohne einen einzigen Tag Pause abspulen wollen.

Das Medienteam nervt noch mit nicht enden wollenden Fotosessions und Filmaufnahmen – doch das ist für uns nun mal Pflicht. Und dann ist es endlich soweit: Umarmung, Handschlag: »Lass uns losfahren, mir wird kalt!« Punkt 14:42 Uhr treten Christian und ich in die Pedale.

Die ersten Kilometer vergehen leise, bedacht. Der Gegenwind schneidet ins Gesicht, die Augen tränen trotz Radbrille. Ich habe längst vergessen wie es ist, wenn man keine Unterstützung von einem Elektromotor bekommt. Ein Stück weit

Das obligatorische Startfoto mit dem großen Expeditionsbanner – dann geht es los

folgen wir dem Grenzfluss, dann führen nur noch Stichwege an die norwegisch-russische Grenze. Wir durchfahren eine nahezu baumlose, urtümliche Landschaft, in der zwischen grauen, schroffen Felsformationen das Wasser von Tümpeln und Teichen glitzert. Die anfängliche Sand- und Schotterpiste geht bald über in ein schmales, gewundenes Asphaltband, das sich in stetem Auf und Ab den Weg durch diese karge Welt bahnt.

Es dauert genau 50 Kilometer bis mein erster Akku leer ist. Und was passiert? Man kann an 1000 Dinge denken, ganz sicher ist aber auch, dass man trotzdem etwas vergisst – ich habe doch tatsächlich den Schlüssel für das Akku-Schloss im Wohnmobil liegen lassen! Und das ist schon längst wieder auf dem Weg gen Süden, um einen Lagerplatz für die Nacht zu organisieren. Ich muss mir leider an die eigene Nase fassen: Wie blöde kann man eigentlich sein? Das Ende vom Lied: Eines der Medien-Fahrzeuge jagt südwärts, das Wohnmobil kurvt in Richtung Norden, man trifft sich zur Schlüsselübergabe irgendwo am Straßenrand, dann kehrt der Caddy um und rast zurück, uns Radfahrern entgegen. Am Ende ist alles wieder gut. Von jetzt an behalte ich meinen Schlüssel am Körper. Immer!

Nach 116 Kilometern und 1317 Höhenmetern ist diese Halbetappe, die wir »Prolog« getauft haben, beendet. Es war trotzdem ein langer Tag. Kurz nach dem Passieren der verwaisten Grenzstation zurück nach Finnland erreichen wir gegen 21:20 Uhr die erste Unterkunft, die unser Lagerteam ausfindig gemacht hat. Sie liegt am Rande von Näätämö, einer Ansammlung verstreuter Häuser, deren Name beweist, dass die Finnen den Buchstaben »Ö« ganz besonders lieben. Der Flachbau des »Motel Rajamotelli« erinnert zwar eher an eine etwas heruntergekommene Jugendherberge, bietet jedoch eine heiße Dusche, eine große Küche und saubere Betten. Wir bereiten Trekkingessen und Kaffee zu, als Nachtisch gibt es Butterkekse. Um 0:40 Uhr endet der Tag. Und doch bleibt es taghell.

Auf den ersten Kilometern führt die Route durch eine urtümliche Landschaft

Näätämö – Vuotso

278 Tageskilometer / 394 Gesamtkilometer

Nach dem gestrigen Einrollen gilt der heutige Tag als offizieller Starttermin. Auf den Tag genau vor 25 Jahren, am 27. Juni 1989, schnitten die damaligen Außenminister von Österreich und Ungarn in einem symbolischen Akt bei Sopron das erste Loch in den verhassten Grenzzaun – es war der Anfang vom Ende für den Eisernen Vorhang. Dieses Bewusstsein ist für mich heute besonders wichtig, denn ohne dieses Bewusstsein hätte diese Befahrung wenig Sinn. Du kannst keine Botschaft transportieren, wenn du sie nicht wirklich lebst.

Punkt 8:00 Uhr sitzen wir auf den Rädern. Es ist gefühlt wieder saukalt, doch so genau will ich es gar nicht wissen. Ändern kann ich es ohnehin nicht. Christian und ich wollen abwechselnd in der Führungsposition fahren. Nach jeweils vier Kilometern wird getauscht. Der Gegenwind arbeitet in beachtenswerter Stärke gegen uns. Er hilft aber dabei, dass man schon jetzt, gleich am Anfang des langen Weges, dieses Dankbarkeitsgefühl entwickelt, wenn man endlich in den Windschatten darf. Von wegen: »Ist ja nur ein E-Bike«. Nach 200 Kilometern Strecke hätte ich mir solche Dampfplauderer mal an unsere Stelle gewünscht!

Zumindest die Götter des Nordens scheinen ein Einsehen zu haben, nach anfänglichem Regen stiehlt sich die Sonne durch die graue Wolkendecke, die Temperaturen steigen auf knappe zehn Grad, immerhin. Christian und ich finden jetzt zusehends unseren Rhythmus, die Pedale drehen in gleichmäßigem Takt, die Elektromotoren summen dazu ihre Melodie. Eine Weile fahren wir noch auf unserer Anreisestrecke, und doch sieht jetzt alles ganz anders aus. Erstens sind wir in entgegengesetzter Richtung unterwegs. Zweitens

In den endlosen finnischen Wäldern zählen solche »Auswüchse« zu den willkommenen Abwechslungen für das Auge

35

verändern Autoscheiben deinen Blick. Es lohnt sich, die Welt auch mal aus der Sattelperspektive zu betrachten.

Das Asphaltband schneidet in weiten Schwüngen durch die endlos scheinenden Kiefern- und Birkenwälder Finnlands, passiert dabei See auf See. Wir begegnen mehr Rentieren als Autos. Dann gesellt sich zu den lang gezogenen Kurven ein stetiges Auf und Ab dazu. Unser Tempo variiert entsprechend. Mal lese ich 20 oder 24 km/h auf dem Tacho, dann können wir länger sogar die 40 km/h halten. Alles eine Frage von Berg und Tal und Wind.

Hinter Kamaanen biegen wir ab in Richtung Inari. Dort müssen wir eine Gedenkpause einlegen, denn es werden Erinnerungen wach: 1994 hatte ich bei meiner ersten langen Radtour mit einem Freund die Strecke von Hannover ans Nordkap und zurück befahren und genau hier eine Nacht im Zelt verbracht. Meine Karriere als Abenteuersportler hat also vor zwei Jahrzehnten auf dieser Strecke begonnen. Zeit und Muße, solchen Gedanken nachzuhängen, gibt es genügend. Inari ist mit 17 300 Quadratkilometern eine Gemeinde so groß wie Thüringen. Es leben aber nur etwa 7000 Menschen auf dieser Fläche, das macht statistisch gesehen 0,4 Einwohner pro Quadratkilometer – in Thüringen sind es 134. Kein Wunder also, dass mehr Rentiere als Menschen unseren Weg kreuzen.

Tatsächlich bietet diese Ecke der Welt nicht allzu viel Abwechslung, der fünfhundertste See ist nicht idyllischer als der erste. Zugegeben: Die fast schon monotone Weite entschleunigt den Menschen, selbst auf dem Rad. Man versinkt in Gedanken oder fährt sich in eine Art Trance. Dann bleibt mein Blick stur am Hinterrad von Christian kleben und alles Tun und Denken handelt davon, den Abstand so gering wie möglich zu halten, den Windschatten möglichst optimal zu nutzen. Manchmal trennen nur Millimeter unsere Reifen und dann schießt mir unwillkürlich der Gedanke durch den Kopf: »Werden wir irgendwann stürzen?«

So gesehen bringen die Begegnungen mit unseren Medienteams willkommene Abwechslung. Fotograf und Filmer hängen dann mit ihren Kameras bewaffnet aus den Auto-

Ungewohnt für den Mitteleuropäer: Nachts ist die Grenze zwischen Norwegen und Finnland geschlossen

Und witzige Fahrradbrücken bauen sie außerdem

RAJANYLITYSPAIKKA SULJETTU 21 · 07
GRÄNSÖVERGÅNGSSTÄLLET STÄNGD 21 · 07
ПУНКТ ПРОПУСКА ЗАКРЫТ 21 · 07
BORDER CROSSING POINT CLOSED 21 · 07

Die Tankstelle von Vuotso ist gleichzeitig Mittelpunkt des gesellschaftlichen Lebens

fenstern, arbeiten aus der geöffneten Heckklappe heraus oder lassen ihre Drohne über uns kreisen. Dabei halten sie uns mit spaßigen Anfragen bei Laune: »Sagt mal, könnt ihr während der Fahrt auch trinken?« Was für eine Frage. Weniger spaßig sind scheinheilig als Frage getarnte Aufforderungen wie: »Könntet ihr das noch mal fahren?« Na klar, besonders wenn es Anstiege sind, am besten im Regen. Doch was sein muss, muss sein: Die Medien wollen uns Biker hautnah erleben, möglichst verschwitzt, leidend und fluchend. Der Mensch ist nun mal ein Sensationstier. Christian und mir bleibt also gar nichts anderes übrig, als gute Miene zum bösen Spiel zu machen.

Unsere Ruhe haben wir immer dann, wenn die Medien autark unterwegs sind, weil sie Geschichten von Land und Leuten einfangen müssen. Sie sind Jäger und Sammler auf der ewigen Jagd nach Informationen und Kontakten, sodass wir am Ende eine gemeinsame Geschichte über den Iron Curtain Trail erzählen können. Und diese Erzählung soll ja nicht nur von uns Radsportlern handeln, sondern von Vergangenheit, Gegenwart und Zukunft, von Menschen und ihren Schicksalen. Oder von Orten, an denen die Zeit scheinbar still steht. Einen solchen entdecken die Medienteams schon heute. Nachdem sie genug von uns Radfahrern haben, erkunden sie nämlich den Ort Vuotso, ein Zentrum der samischen Urbevölkerung, das in deren Sprache Vuohccu heißt. Eine Erkundung, die sich im Grunde auf die Tankstelle beschränkt, denn hier spielt sich das gesamte Leben ab: Das Tankstellenhäuschen entpuppt sich zugleich als Supermarkt, Post, Bank, Café. Außerdem ist es Treffpunkt von neugierigen Kindern, prahlerischer Jugend, gestandenen Rentierzüchtern, geschäftigen Hausfrauen und Senioren.

Auch wenn dieser Campingplatz in Lappland einiges zu bieten hat – viel Besuch bekommt er eher nicht

Christian und ich passieren diesen wundersamen Ort, ohne einen Blick dafür zu haben. Ein kurzes Stück weiter südlich liegt das heutige Etappenziel, und wir wollen nur noch ankommen. Die Uhr zeigt 19:10. Ich bin müde. Sehr müde sogar. Ich habe in den letzten Wochen wirklich zu wenig Schlaf bekommen. Das Lagerteam aber hat für die Nacht einen tollen Platz gefunden. Eine abgelegene, blumenbestandene Wiese am Waldrand, deren Nutzung Manfred in seiner unnachahmlichen Art einem etwas mundfaulen, aber freundlichen Bauern abgeschwatzt hat. Die beiden Schlafzelte stehen schon, auf den Gaskochern brodelt heißes Wasser zum Aufgießen der Trekkinggerichte, die Kaffeetassen stehen bereit. Ich wähle »Nudeltopf nach Schwarzwaldart«, esse viel zu schnell, wie es überhaupt die gesamte Mannschaft ziemlich eilig zu haben scheint und die Nahrung nur so in sich hinein schlingt. Warum? Wir sind leider nicht die einzigen Wiesenbewohner – Myriaden von Stechmücken finden in uns willkommene Blutspender. Ich kippe noch schnell einen halben Liter Eiweiß-Shake für das Wohlbefinden der Muskulatur hinunter und verschwinde dann in meiner Kuschelecke im Alkoven des Wohnmobils. Es dauert nur Sekunden und ich bin eingeschlafen. Schon wenig später weckt mich jedoch das Herumkramen von Christian. Er will duschen, hat aber die Betriebsanleitung nicht gelesen und bekommt jetzt im wahren Sinne des Wortes eine kalte Dusche ab. Ich döse im Halbschlaf vor mich hin, wälze mich von einer Ecke in die andere. Meine Gedanken kreisen um die Crew. Ich bin echt stolz auf diese Truppe. Während wir im warmen Wohnmobil liegen, machen die Jungs und das Mädel dort draußen noch ihren Job, spülen und waschen, schreiben Tagebuch, sortieren Fotomaterial, schneiden Filmclips, das Ganze bei drei Grad und unter permanenter Moskito-Attacke, ehe sie im Mannschaftszelt in ihre Schlafsäcke kriechen. Mit diesen Gedanken schlafe ich wieder ein.

Gleich ist es geschafft: die letzten Meter zum Lagerplatz auf einer Wiese kurz hinter Vuotso

Diese Hütte war wohl schon geraume Zeit nicht mehr bewohnt

Vuotso – Oulanka

322 Tageskilometer / 716 Gesamtkilometer

*Die Finnen haben
Sinn für knallbunte
Farben*

Es ist 6:45 Uhr. Draußen herrscht Stille. Um 7:00 Uhr sollte Abfahrt sein! Offenbar haben wirklich alle verschlafen. Ein kurzer Pfiff – und schon erwacht das Lager zu Leben. Obwohl es erst der zweite Morgen der langen Tour ist, klappt alles schon recht gut. Christian und ich bekommen unsere morgendliche Verpflegung. Zuerst das heiße Wasser mit den Zinktabletten, Schüssler-Salz, ein Fläschchen Orthomol-Sport für die Grundversorgung des Körpers. Bei früheren Expeditionen hatte ich mit dieser Mischung stets gute Ergebnisse erzielt. Danach kommen die Haferflocken mit Obst, mit ein bisschen Wasser und O-Saft verflüssigt. Dazu Tee für Christian und Kaffee für mich. Mehr gibt es am Morgen nicht und bis zum Mittag liegt es dann im eigenen Ermessen, wie oft man in seine Gürteltasche greift. In der tragen wir sozusagen den Notproviant direkt am Mann: diverse Portionstütchen eines Kohlenhydratgels in mindestens sechs unterschiedlichen Geschmackssorten und eine gut sortierte Auswahl Riegel – Eiweiß oder Kohlenhydrat, Molke oder Fruchtschnitte, Müsli oder Nuss, undefinierbar oder zahnziehend. So braucht man nicht jedes Mal das Begleitfahrzeug, wenn man Hunger oder eines der vielen kleinen Tiefs verspürt, denen ich bevorzugt mit meinen Lieblingsriegeln »Vanille-Erdbeere« begegne. Wenn wir unterwegs aber Nachschub oder Flüssigkeit brauchen, ist das Begleitfahrzeug zur Stelle und Didi reicht uns den Nachschub aus dem Auto aufs Rad. Das ist

Platz da! Das Rentier hat anscheinend begriffen, dass die Straße heute uns gehört

Vollbeschäftigung, denn Christian und ich verbrauchen im Lauf eines Tages etwa 60 Kohlehydratgels, 30 Riegel und mehr als 20 Liter Flüssigkeit.

Doch bevor wir uns heute in die Pedale einklicken, erleben wir noch eine nette Überraschung: Die Filmcrew hat in der

43

Nacht schon den ersten Clip fertiggestellt und diesen dürfen wir nun sehen – das beflügelt! Und diesen Motivationsschub können wir brauchen. Es nieselt, natürlich haben wir Gegenwind, und die nicht enden wollende Waldlandschaft erscheint noch weniger abwechslungsreich als die vom Vortag. Nebel und tiefliegende Wolken versperren die Weitsicht, hindern aber keine einzige Stechmücke daran, uns zu attackieren. Die einzige Abwechslung bieten alle vier Kilometer die Positionswechsel. Ansonsten schaut man nur auf den Tacho, um zu sehen, wie schnell oder langsam die Kilometer vergehen.

Sodankylä kommt in Sicht. Hier biegen wir auf kleine Nebenstraßen ab und tauchen noch tiefer in die Einsamkeit ein. Davon, dass wir nun schon seit geraumer Zeit fast auf Sichtweite zur russischen Grenze unterwegs sind, bemerken wir nichts. Stattdessen fahren wir durch Wald. Birken und Kiefern. Dann Kiefern und Birken. Manchmal auch Birken und Kiefern und Birken. Weit und breit keine menschliche Behausung. Keine Menschenseele ist zu sehen, kaum ein Auto auf der Straße. Christian und ich fahren jetzt immer mal wieder nebeneinander her, um ein paar Worte zu wechseln. Ein typischer Dialog: »Ich hasse diese Birken! Du auch?« Oder: »Kein Wunder, dass hier niemand wohnt.« Man wird eben ungerecht und nörgelig, wenn man die Monotonie der ewig singenden Wälder nicht als Beruhigungstheraphie genießen kann.

Der Tageszähler überspringt erstmals die 300er-Marke und wir beten das Ziel herbei. Endlich taucht die Ortschaft Oulanka auf – noch drei Anstiege und neun Kurven, dann erspähen wir unser Lager. Wieder ein lauschiges Plätzchen, auf einer Wiese hinter einem Bauernhof, eingerahmt von schlanken Birken. Manfred hat sich mittlerweile einen genialen Trick einfallen lassen, um Sprachbarrieren nicht als Entschuldigung für eine Ablehnung unseres Ansinnens gelten lassen zu müssen. Er hat auf einem Blatt Papier das Wort »Expedition« stehen, dazu ein Strichmännchen und die Zahl 10 (was natürlich gemogelt ist, weil wir eigentlich elf Personen sind), dann ein gemaltes Auto und die Zahl 5, ein

Zelt mit der Ziffer 2 sowie einen Mond mit der Nummer eins: zehn Leute, fünf Autos, zwei Zelte, eine Nacht. Dieses Blatt hält Manfred jetzt den Menschen unter die Nase, die er um Asyl für die Nacht bittet. Dem Vernehmen nach hat er damit besonders bei den Damen des Hauses Erfolg, die er dank seines unschuldigen Charmes sofort davon überzeugen kann, dass wir lauter liebe Kerle sind, die nichts Böses im Schilde führen. Und so klappte es auch heute wieder. Zur Belohnung für die von Christian und mir abgespulten 322 Tageskilometer hat die Küchencrew eigens frischen Salat als Beilage zum Trekkingessen zubereitet, als Nachspeise werden Weingummis gereicht. Da nimmt man doch locker 20 Mückenstiche am Bein in Kauf!

Nach dem Essen bekommen wir endlich auch das Warmwasser im Wohnmobil flott. Geduscht wird zwar nur kurz, um möglichst wenig Wasser zu verbrauchen. Aber heiß darf es sein! Plötzlich brennt es höllisch an meinen Oberschenkeln – ich flüchte unter den Schein meiner Alkoven-Lampe und entdecke das Elend: Ausgerechnet auf der Innenseite der Oberschenkel haben sich, vom Schritt abwärts, dutzende Haarwurzeln entzündet. Und die Haut brennt umso höllischer, als ich sie auf Anraten von Dietlinde mit Franzbranntwein abtupfe. Das kann ich jetzt wirklich nicht gebrauchen! Um die Entzündung möglichst noch im Keim zu ersticken, versorge ich die betroffenen Stellen mit einer Schicht Bepanthen-Salbe. Um 23:15 Uhr liege ich in der Koje und schlafe trotz der Juckerei sofort ein.

Oulanka – Vartius

304 Tageskilometer / 1020 Gesamtkilometer

Startzeit 7:00 Uhr? Das war wieder nix. Nun ja, Übung macht den Meister. Wobei ich zugeben muss, dass ich ein harter Expeditionsleiter bin. Ich brauche Pünktlichkeit, Zuverlässigkeit und geregelte Abläufe, dann kann ich meinen Doppeljob gut machen. Also geht es immerhin fast pünktlich um 7:15 Uhr los. Vorher registriere ich allerdings wenig erfreut, dass mein Oberschenkel trotz Behandlung und Ruhe nicht wirklich gut aussieht: Da ist alles entzündet und geschwollen. Jetzt habe ich schon so viele Extremtouren hinter mich gebracht. Hier und da war es mal zu einer Entzündung gekommen, aber nun gleich beide Innenseiten der Schenkel? Super. Allein das Anziehen der Radhose ist eine Qual. Damit nicht genug: Was ich zu diesem Zeitpunkt noch nicht ahne ist, dass es mir während der gesamten Expedition nicht gelingen wird, diese Entzündung in den Griff zu bekommen. Ganz ehrlich: 30 Tage aufgescheuerte Innenseiten der Oberschenkel sind ein Albtraum. Bis heute kann kann ich diese Stellen an den hinterlassenen Narben wunderbar erkennen.

Film und Foto sind schon unterwegs. Vor uns, das ist etwas ganz Neues. Sie haben vorgestern, natürlich an der Rundum-Versorgungs-Tankstelle von Vuotso, einen Tipp für den Besuch bei einem Rentierzüchter bekommen, und dort wollen sie heute hin. Damit sind Christian und ich die Störenfriede los und nehmen, nur begleitet von unserem Streckenteam, den Tag in Angriff. Nach wenigen Kilometern können wir erstmals die Grenzzäune zu Russland sehen. Sie laufen eine Weile nur wenige hundert Meter neben uns entlang. Warum gibt es hier eigentlich überhaupt noch einen Zaun? Wir passieren das verwaiste Wintersportzentrum Ruka, fahren weiter in Richtung Kuusamo.

Nicht etwa, dass man diese ehrenvolle Bezeichnung eigens wegen uns angebracht hätte

47

Die anschließenden 150 Kilometer sind gedankenleer. Bis zu einer Begegnung der seltsamen Art. Christian hat gerade seine Radflasche ausgetrunken. Wenn keine Pausen anstehen, wird der Flaschentausch zwischen Begleitfahrzeug und Rad während der Fahrt vollzogen. Das geht ganz einfach: Den Arm mit leerer Flasche hochhalten, das Fahrzeug schließt von hinten auf und Didi wechselt durch das geöffnete Beifahrerfenster die leere Flasche gegen eine frisch gefüllte aus. Also hält Christian auch diesmal die Flasche hoch und radelt dabei munter weiter. Das Fahrzeug kommt und schiebt sich neben ihn, aber verdammt, niemand nimmt die Flasche entgegen! Christian fängt an, sich aufzuregen, fuchtelt mit der Flasche in der Luft herum, und ich glaube, sogar ein Fluchen zu hören. Als er sich dann zornig umdreht, blickt er allerdings nicht in die vertrauten Gesichter des Begleitteams, stattdessen starrt ihn ein verdutzter Uniformierter an – nicht der eigene Multivan, sondern ein VW-Bus der finnischen Grenzpolizei fährt neben Christian her! Und der Grenzer fragt jetzt höflich aus dem Seitenfenster heraus an, ob er die ihm angebotene Trinkflasche denn behalten dürfe? Christian muss das leider ablehnen, er hat ja nur drei Stück dabei und die müssen bis zum Schwarzen Meer genügen – da sieht ihn der Grenzpolizist an wie einen Irren. Mit den Worten »träum weiter!« verabschieden sich die Finnen und geben Gas. So endet unser Rendezvous im finnischen Nirgendwo.

Währenddessen sind unsere vier Medienleute in den Weiten der Wälder verschwunden. Dort haben sie nahe der Ortschaft Hossa tatsächlich jene Rentierzüchter-Familie aufgetan, von der sie gestern gesprochen hatten. Nur, der erhoffte Abtrieb der Rentierherde findet heute gar nicht statt – tolle Fotos und Filmaufnahmen ade. Trotzdem erweist sich der Besuch als Glücksfall, denn stattdessen erfahren sie Dinge, die direkt mit unserem Thema zu tun haben: 25 Jahre Fall des Eisernen Vorhangs. Die Familie Karvonen betreibt hier nämlich schon seit Generationen die Rentierzucht. Das war auch während des Kalten Krieges, trotz der Grenznähe, nie ein Problem. Dann fiel der Eiserne Vorhang und mit ihm verfiel jener einstmals undurchdringliche Zaun zur Sowjet-

Das Beschwörungsritual einer Schamanin: Zoja zeigt Besuchern, wie Rentierzüchter einst lebten

Der Rentier-Hof bei Hossa zeugt von Beschaulichkeit und Ordnungssinn

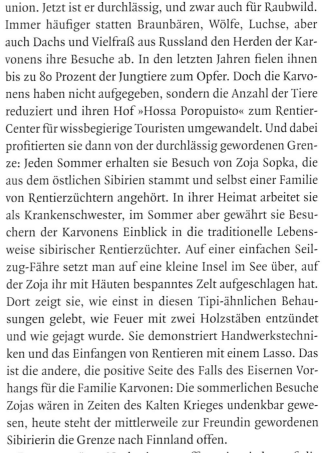

Und natürlich darf in Finnland auch der See gleich nebenan nicht fehlen

union. Jetzt ist er durchlässig, und zwar auch für Raubwild. Immer häufiger statten Braunbären, Wölfe, Luchse, aber auch Dachs und Vielfraß aus Russland den Herden der Karvonens ihre Besuche ab. In den letzten Jahren fielen ihnen bis zu 80 Prozent der Jungtiere zum Opfer. Doch die Karvonens haben nicht aufgegeben, sondern die Anzahl der Tiere reduziert und ihren Hof »Hossa Poropuisto« zum Rentier-Center für wissbegierige Touristen umgewandelt. Und dabei profitierten sie dann von der durchlässig gewordenen Grenze: Jeden Sommer erhalten sie Besuch von Zoja Sopka, die aus dem östlichen Sibirien stammt und selbst einer Familie von Rentierzüchtern angehört. In ihrer Heimat arbeitet sie als Krankenschwester, im Sommer aber gewährt sie Besuchern der Karvonens Einblick in die traditionelle Lebensweise sibirischer Rentierzüchter. Auf einer einfachen Seilzug-Fähre setzt man auf eine kleine Insel im See über, auf der Zoja ihr mit Häuten bespanntes Zelt aufgeschlagen hat. Dort zeigt sie, wie einst in diesen Tipi-ähnlichen Behausungen gelebt, wie Feuer mit zwei Holzstäben entzündet und wie gejagt wurde. Sie demonstriert Handwerkstechniken und das Einfangen von Rentieren mit einem Lasso. Das ist die andere, die positive Seite des Falls des Eisernen Vorhangs für die Familie Karvonen: Die sommerlichen Besuche Zojas wären in Zeiten des Kalten Krieges undenkbar gewesen, heute steht der mittlerweile zur Freundin gewordenen Sibirierin die Grenze nach Finnland offen.

Erst am späten Nachmittag treffen wir wieder auf die Mediencrews. Gemeinsam besuchen wir südlich von Suomussalami das Raatteen Portti-Museum. Diese Anlage zeigt eine Dauerausstellung zum Winterkrieg von 1939/40 zwischen Finnland und der Sowjetunion. 20 000 Soldaten sind hier allein auf Seiten der Roten Armee gefallen, erfroren oder verhungert. Rund um das Museumsgebäude kann man Kanonenstellungen, alte Panzer und Geschütze besichtigen. Den tiefsten Eindruck hinterlässt bei uns aber die Gedenkstätte mit dem Winterkriegsmonument. Dort erinnern auf einer Fläche von nahezu drei Hektar Steinblöcke an die Gefallenen der Schlacht von Suomussalami. Man sagt, es

Finnisch-russische Freundschaft – erst seit dem Fall des Eisernen Vorhangs möglich

51

wären 20 000 Steine, einer für jeden Gefallenen. Am Denkmal selbst sind 105 Glocken angebracht, eine für jeden Tag
des Winterkrieges. Bei Wind spielen diese Glocken ihre leise
Botschaft vom Irrsinn des Krieges. Christian und ich haben
den Klang dieser Glocken noch in den Ohren, als wir schon
wieder auf der Strecke sind. Nachdenklich und schweigsam
setzen wir unsere Fahrt fort.

Es folgen noch einmal 60 Kilometer durch endlosen Wald,
von Teerhügel zu Teerhügel. Es kommt jetzt kein Gespräch
mehr auf. Ich bin mit Fragen beschäftigt. Wie entsteht Hass?
Warum vergessen wir? Wozu gibt es Grenzen? Wie schafft
man ein Umdenken? Ich bin mir an diesem Tag klar darüber, dass ich in den kommenden Wochen noch oft über diese Themen nachdenken werde. Wir haben heute die erste 1000-Kilometermarke geknackt, es liegen noch mehr als
8000 Kilometer vor uns. Viel Zeit zum Nachdenken.

Dabei gerät fast in Vergessenheit, dass jetzt scheinbar der
Sommer kommt. Die Temperaturen sind im Lauf des Tages
auf zwölf Grad gestiegen, später, in der Sonne, sogar auf
16 Grad. Wir kämpfen uns weiter durch das Auf und Ab der
Straßen Kareliens, begleitet von nie enden wollendem Wald
linker und rechter Hand. Als radelnder Weltbürger lernt man
die Schönheit, selbst wenn es eine eintönige Schönheit ist,
intensiv kennen. Auch wenn man sie nicht immer liebt.

Am frühen Abend erreichen wir das erneut auf der Wiese eines Bauern errichtete Camp, ganz in der Nähe des
Grenzübergangs von Vartius hinüber nach Russland. Wir
sehen die Mannschaftszelte schon von weitem leuchten. Mir
kommt das fast wie eine Verheißung von Heimat vor. Es ist
doch schön, wie schnell sich ein Gefühl von Zuhause ent-
wickeln kann, wie schnell man sich auch an Wenig erfreu-
en kann. Trekkingessen, Dietlindes Behandlung der bean-
spruchten Muskelpartien, eine Handvoll Gummibärchen.
All das ist schon Glück. Vor einer Woche haben wir noch im
fernen Wolfsburg gepackt und anschließend Pizza gegessen. Das erscheint jetzt weit, weit weg. Es ist irre, wie schnell
die Tage vergehen, wie schnell der eigene Biorhythmus sich
an die taghellen Nächte gewöhnt und der Körper selbst ohne

So schön die Birken auch sind, irgend-wann kann man sie nicht mehr sehen

Ruhetag wie eine Maschine funktioniert. Und das trotz der Maläsen. Was mir die Oberschenkelinnenseiten sind, das sind Christian die Knie, die abwechselnd schmerzen – mit zunehmender Wärme verschwindet das Phänomen.

Vartius – Ilomantsi

334 Tageskilometer / 1354 Gesamtkilometer

Der vierte Fahrtag beginnt gut. Das Team ist eingespielt, um 6:55 Uhr sind wir startbereit, die Morgensonne strahlt von einem blauen Himmel, die Wetter-App verspricht 18 Grad und weiteren Sonnenschein. Laut Routen-Chef Didi haben wir 330 Kilometer vor uns. Auf geht's, wir sind frohen Mutes. Zunächst passieren wir die Stadt Kuhmo. Von dort geht es weiter in Richtung Lieksa, das in einer idyllischen Kulisse, eingebettet inmitten von Hügeln und Seen, vor uns liegt. Doch selbst wenn es immer wieder atemberaubend schöne Ecken gibt, mich interessiert heute viel mehr, wo die versprochenen 18 Grad bleiben. Auch die Sonne hat sich längst wieder verzogen. Es sind

Achtung Schlagloch! Auch das gehört auf finnischen Nebenstraßen dazu

gerade mal 13 Grad, Tendenz weiter fallend. Das ist noch nicht alles: Ich habe ein Problem mit meinem Hinterteil. Als wenn die Geschichte mit den Oberschenkeln nicht genügen würde! Irgendwie habe ich wohl falsch gesessen, die Hose hat nicht perfekt am Hinterteil geklebt oder was auch immer. Da hilft nur eines: Zähne zusammen beißen.

Nach 200 Kilometern genehmigen wir uns die übliche längere Rast. Das Begleitteam hat alles dabei, was wir jetzt brauchen. In diesen einstündigen Pausen stopfen wir stets eines der Trekkingessen in uns hinein, meistens Nudelsuppe mit Huhn, dazu eine Handvoll Studentenfutter. So auch diesmal. Die Nudelterrine wärmt von Innen, was umso wichtiger ist, da das Thermometer mittlerweile auf nur noch neun Grad gefallen ist. Summertime?

Vor der Weiterfahrt greife ich noch einmal voll in die Hirschtalgcreme und schmiere eine doppelte Portion davon auf den Allerwertesten. Hoffentlich hilft das. Auch die dickeren Jacken kommen jetzt wieder zum Einsatz. Der Fahrtwind ist empfindlich kalt und wir frösteln trotz ordentlicher Pedalarbeit. Gut eineinhalb Stunden später setzt bei nur noch acht Grad auch wieder Regen ein, erst mit ein paar wenigen Tropfen, dann faustdick wie bei einem Gewittersturz und schließlich als steter Sommerregen. Und es kommt noch schlimmer: Plötzlich löst sich die Teerdecke auf, wir fahren auf aufgeweichtem Lehm, der den Rädern unserer Bikes mit schmatzendem Geräusch zähen Widerstand leistet – das darf doch nicht wahr sein!

Gottlob nimmt zumindest diese Tortur nach 20 Kilometern wieder ein Ende. Orte mit so seltsamen Namen wie Kitsi und Lehtovaara liegen jetzt hinter uns und wir warten auf die Ortsschilder von Ilomantsi, dem angepeilten Tagesziel. Als wir uns schließlich dem Städtchen nähern, fallen uns zahlreiche Kriegsdenkmäler am Straßenrand auf – auch hier haben der Winter- und der Zweite Weltkrieg tiefe Spuren hinterlassen. Zu den trübsinnigen Gedanken passen die Temperaturen von um die sieben Grad und die Nässe, die langsam aber sicher durch die Kleidung kriecht und unsere Körper trotz der ständigen Bewegung auskühlt.

Wir sind froh, als wir nach 334 Kilometern das Tagesziel erreichen. Doch nicht nur Christian und ich sind müde, auch das Lagerteam ist erschöpft. Manfred, Detlef und Dietlinde haben versucht, einen üblichen Lagerplatz zu finden, aber in diesem Dauerregen sind Felder und Wiesen abgesoffen. Unsere Fahrzeuge würden im Morast versinken, vom Aufbau der Zelte einmal ganz zu schweigen. Damit blieb nur die Wahl eines Campingplatzes. Eine gute Wahl. Wir beziehen im »Ruhkaranta Holiday Village« drei kleine Holzhütten – auch wenn wir eigentlich auf jeden überflüssigen Komfort verzichten wollen, die Heizung und eine warme Dusche sind echt klasse. Das Team Wohnen hat zur Feier des Tages nicht nur eingekauft, sondern auch beschlossen, diesmal auf Trekkingessen zu verzichten. Dafür gibt es Wienerwürstchen mit Kartoffelsalat, Gurkensalat, Eier und Senf. Und so sitzt die gesamte Mannschaft dicht gedrängt in unserer Hütte. Trotz oder gerade wegen der Enge ist es gemütlich. Schüsseln und Schalen werden ratzeputz geleert, es wird gealbert und zwischendurch serviert Detlef eine weitere Überraschung: Er spendiert eine Runde Karjala, ein finnisches Bier. Allerdings nur ein 0,33er-Döschen pro Nase, schließlich müssen am nächsten Tag alle wieder fahren. Die einen so die anderen so. Beim anschließenden Tagebuchschreiben fallen mir die Augen zu. Und ich träume von Birken. So wie Christian. Immer wieder Birken. Oder Kiefern.

Ilomantsi – Lappeenranta

310 Tageskilometer / 1664 Gesamtkilometer

Mit Sonne statt Regen wäre der Anblick idyllischer Seen allerdings schöner

E s ist 6:00 Uhr. Augen auf. Ohren gespitzt. Ist das wahr? Aber ja doch: Es regnet nicht! Schnell frühstücken. An einem richtigen Tisch zu sitzen, löst bereits ein komisches Gefühl aus. Draußen und im Wohnmobil ist es irgendwie schöner, treffender. Es gibt noch eine kurze Lage- und Tagesbesprechung. Vorschläge? Sorgen? Nöte? Beschwerden? In diesen Runden kommt alles auf den Tisch. Vorausgesetzt, man getraut sich, alles auf den Tisch zu bringen.

An der Ausfahrt des Campinggeländes treffen wir auf die Betreiberin der Anlage. Anastasia Mikhaylova ist gerade mal 27 Jahre jung, stammt aus Russland, ist nördlich des Urals aufgewachsen und hat in St. Petersburg studiert. Erst in die-

Ein Gel geht während der Stopps zum Akku-Wechsel immer rein

sem Frühjahr hat sie gemeinsam mit ihrem Mann Alexander den Campingplatz übernommen, um hier für sich und ihre einjährige Tochter Polina eine berechenbare Zukunft aufzubauen. Sie kennt den Eisernen Vorhang nur aus Erzählungen der Eltern und aus Geschichtsbüchern, weiß aber sehr wohl, dass ihr Familienumzug damals unmöglich gewesen wäre. Heute geht das. Nach diesem kurzen Gespräch könnte man fast denken, die Welt sei jetzt in Ordnung. Ist sie aber nicht, wie sich später am Tag noch zeigen wird.

Trotz des kurzen Aufenthalts fällt um Punkt 7:00 Uhr der Startschuss. Wir legen unter einem dicht mit Wolken verhangenen Himmel los und hoffen, dass das Wetter hält. Tut es auch. Genau 500 Meter weit. Dann beginnt es zu regnen. Mist! Schnell anhalten, Regenklamotten überziehen und weiter. 50 Prozent Regenwahrscheinlichkeit hat es aus dem Team geheißen. 50 Prozent Regen kam dann im Laufe des Tages auch ganz gut hin. Aber leider nicht am Stück. Neben dem Radfahren geht unsere zweite Hauptbeschäftigung heute so: rein in die Regenklamotten, raus aus den Regenklamotten, rein, raus – und immer so weiter.

Wir hatten uns im Vorfeld der Expedition natürlich mit der Strecke beschäftigt. Aber wenn man dann auf der Straße ist, tut man sich schwer damit, diese Schönheiten wirklich wahrzunehmen. Die Natur ist auf hunderten von Kilometern gleich, man verliert sich im Blick auf das Hinterrad des Vordermanns oder auf den rauen Asphalt. Schmucke Kirchen im orthodoxen Baustil, die putzigen Häuser an den Ufern idyllischer Seen – all das ist da und doch nicht da.

Heute erst recht nicht. Ich sehne mich schon früh am Morgen nach dem Ende des Tages. Meinem Hinterteil geht es ganz und gar nicht gut. Jetzt sitze ich schon über so viele Jahre und unzählige Kilometer auf dem Rad, alles ist immer gut gegangen. Und nun habe ich schon in den ersten Tagen so viele Baustellen in der Hose, wie bei den Gewalttouren über die Panamericana, durch ganz Deutschland und rund um Island zusammen genommen nicht. Mir fällt der Satz eines alten Radkumpels ein, dem es auf einer der vergangenen Touren nicht besser ergangen war: »Wenn ich das Gefühl

Aufgeweichte Schotterpisten hinterlassen deutliche Spuren an den Rädern

beschreiben müsste, wie es ist, wenn ich mit meinem ganzen Gewicht den Fettfriedhof auf den Sattel drücke, würde ich sagen: Als würde jemand versuchen, an mehreren Stellen gleichzeitig dicke Häkelnadeln durch die Haut zu stechen!« Jetzt weiß ich: Er hatte Recht.

Trotzdem fahren wir heute ein paar Meter Umweg. Ich will einige Erinnerungen an vergangene Zeiten aus heutiger Perspektive neu beleben. Als gebürtiger Wolfsburger bin ich im Zonenrandgebiet aufgewachsen, und da ist mir vor allem der Grenzübergang Helmstedt – Marienborn in Erinnerung. Ich habe oft genug mit einem knallorangefarbenen VW Käfer mit aufgemalten bunten Blumen in der langen Reihe der Transitreisenden auf der Spur »Berlin via DDR« gestanden, war dann mit voller Konzentration mit 100 km/h in Richtung Berlin getuckert, immer mit der Angst im Nacken, einen Fehler und damit die unliebsame Bekanntschaft mit der Volkspolizei zu machen. Jetzt stehen wir bei Värtsilä an der finnisch-russischen Grenze und ich habe das Gefühl, wieder an diesem innerdeutschen Grenzübergang der Vergangenheit angelangt zu sein. Kilometer lange Schlangen mit wartenden Lkw und Pkw, die untersucht, zerlegt, seziert werden. Vermutlich haben die russischen Grenzer und Grenzerinnen die gleichen ausdruckslosen, kalten Gesichtszüge aufgesetzt, wie die Angehörigen der Nationalen Volksarmee vor 25 Jahren. Ich muss an mein Gespräch mit der jungen Anastasia am Morgen denken – was für ein Gegensatz! Und wozu dieses Theater, wenn gleichzeitig Bürger aus Russland nach Finnland ziehen können? Die Grenzstation hier ist der östlichste Grenzkontrollpunkt der EU zu Lande. Dass er mit fast einer Millionen Grenzgängern auch eine der am häufigsten genutzten Passagen im Personenverkehr zwischen Finnland und Russland ist, sehen wir spätestens beim Passieren des nahe gelegenen Einkaufszentrums: Davor parken zahlreiche Pkw mit russischen Kennzeichen, die einheimischen Finnen sind klar in der Minderheit.

Unser Weg führt nun am Puruvesi-See vorbei nach Imatra. Die letzten hundert Kilometer fallen mir leichter. Die Gegend erinnert mit ihren landwirtschaftlichen Nutzflächen

Radfahren macht nicht immer Spaß. Doch es hilft kein Jammern, wir müssen weiter

und Gehöften ein bisschen an das heimische Niedersachsen. Ich beginne mich mehr umzusehen und damit ist für Ablenkung gesorgt. Das ist auch gut so, denn mittlerweile werden Christian und ich wieder durch Dauerregen begossen und mit Lehmpisten ausgebremst. Auch das Lagerteam muss erneut ein Ausweichquartier finden. Das gelingt ihnen auf dem Campingplatz bei Lappeenranta, etwas abseits der eigentlichen Route, wo wir schließlich bis auf die Knochen durchnässt und vor Kälte schlotternd eintreffen. Die gemieteten Hütten sind winzig, aber bereits vorgewärmt – geradezu paradiesisch.

Das allabendliche Ritual beginnt. Behandlung, Trekkingessen, Erfahrungsaustausch mit den anderen Teammitgliedern. Ich ziehe mich danach schon früh zurück. Ich brauche den Schlaf. Tagebuch schreiben, dann ab in die Falle. Der Rest der Truppe sucht noch nach einer Möglichkeit, ein Spiel der deutschen Nationalmannschaft bei der Fußball-Weltmeisterschaft in Brasilien zu schauen. Mein letzter Gedanke vor dem Einschlafen ist: Gegen wen spielen die eigentlich?

Lappeenranta – Kloogaranna

170 Tageskilometer / 1834 Gesamtkilometer

An Bord der Fähre noch ein Blick auf den Radcomputer – wie viele Kilometer sind schon drauf?

Der Tag beginnt vielversprechend. Am frühen Morgen, gegen 5:00 Uhr, hat es endlich aufgehört zu regnen. Wir haben heute eine verkürzte Fahrstrecke. Helsinki als erstes Tagesziel ist keine 300 Kilometer entfernt, und von dort nehmen wir die Fähre hinüber nach Estland. Doch es ist nicht immer alles gut. Christian geht mir manchmal mächtig auf den Geist. So wie jetzt. Obwohl die Abfahrtzeit schon um eine Stunde nach hinten verlegt worden ist, steht er weder um 8:00 noch um 8:30 Uhr zur Abfahrt bereit. Ich könnte jetzt beide Augen zudrücken, durchatmen, was auch immer. Aber heute Morgen geht das nicht, zumal Christian keinerlei Einsicht zu haben scheint. Ich rege mich mächtig über diesen aus meiner Sicht kindlichen Trotz auf. Christian gesteht mir später, er sei sich während der folgenden Standpauke vorgekommen wie auf dem Kasernenhof der Fremdenlegion – dabei kann ich kein Wort Französisch. Jetzt hilft jedenfalls nur eines: Ich muss mir die Wut aus dem Bauch fahren. Also übernehme ich sofort die Position im Wind, pfeife auf die verabredeten Wechsel und bleibe einfach vorn. Das ist anstrengend, aber es tut gut.

Es ist ein trotziges Arbeiten, mit stampfenden Muskeln und gesenktem Kopf, und zu aller Freude beginnt es doch wieder zu regnen – na prima! Ich bin auf der Suche nach der nötigen Geduld. Natürlich ärgere ich mich nach jeder Auseinandersetzung auch über mich selbst. Ich muss mir vor Augen halten, dass Christian noch keinerlei Erfahrung mit derartigen Expeditionen hat. Es ist nicht einfach, zu zweit einen gemeinsamen Rhythmus zu finden, perfekt Windschatten zu geben oder zu nutzen. Man muss den Einfalls-

Wegen der Ukraine-Krise meiden wir Russland und setzen direkt von Helsinki nach Tallinn über

winkel des Windes beachten, die eigene Position auf dem Asphalt so ausrichten, dass der Hintermann den Windschatten auch finden kann. Christian sitzt noch sehr unruhig im Sattel, setzt immer mal wieder mit dem Treten aus, was dann bei mir zu leichten Schweißausbrüchen führt, denn durch die entstehende Verzögerung komme ich seinem Hinterrad manchmal so nah, dass kein Blatt Papier mehr dazwischen passen würde. Und eine Berührung der Räder führt unweigerlich zum Sturz. Doch vermutlich müssen solche Stresssituationen sein. Am Ende des Tages zählt nur, dass man eine Streitkultur besitzt. Auseinandersetzung: ja. Sie zu Ende bringen: ebenfalls ja. Und so sind wir nach ein paar Stunden auch immer wieder klar miteinander. Nur auf diesem Weg lassen sich große gemeinsame Anstrengungen meistern, bekommt Freundschaft immer stabilere Wurzeln und Erfolg einen Namen.

Also fahren wir irgendwann wieder im steten Wechsel, erreichen alle Zwischenziele nach Plan. Haapajärvi, Vainikkala, Villala, Väkevä, Muurikkala, Miehikkälä – was für Zungenbrecher für deutsche Sprachorgane! Virolahti markiert dann das Ende des Eisernen Vorhanges auf skandinavischem Boden. Eigentlich hätten wir nun die russische Grenze passieren und immer an der Küste entlang nach St. Petersburg fahren sollen, um von dort auf der anderen Seite des Finnischen Meerbusens nach Estland zu gelangen. Die politischen Ereignisse der letzten Monate haben im Zuge der Ukraine-Krise diesen Plan jedoch zunichte gemacht. Angesichts der Sanktionswelle Westeuropas gegenüber Russland hätten uns möglicherweise nicht einmal bereits genehmigte Visa etwas genutzt.

Wir stoßen daher bei Hamina auf die Küste und biegen auf die Schnellstraße Richtung Helsinki ab. Und fast wollen wir es nicht glauben: Wir haben Rückenwind – das erste Mal, seit wir am Polarmeer aufgebrochen sind! Bislang blies uns der Wind sogar fast immer heftig ins Gesicht. Jetzt aber rauschen wir mit Höchstgeschwindigkeiten um die 45 km/h nur so dahin. Aber ach, die Freude währt nicht lange: Eine Baustelle beendet den Höhenflug. Die Vollsperrung kann

Kaum in Estland an Land gegangen, schon scheint die Sonne

*Auch das Wolfs-
burg-Banner
kommt nach dem
skandinavischen
Abenteuer heil in
Estland an*

nur auf der Autobahn umgangen werden, und darauf dürfen wir mit Fahrrädern nicht fahren. Also laden wir die Bikes auf den Radträger unseres Streckenfahrzeugs und rauschen die letzten Kilometer nach Helsinki auf einem Autositz anstatt im Fahrradsattel. Ein komisches Gefühl.

Den Zeitgewinn macht Christian dann beinahe wieder zunichte. Er entdeckt im Terminal der Eckerö-Line die Toilette – nach so vielen Tagen schlichter Plumpsklos eine beheizte Toilette mit Wasserspülung und allem Drum und Dran. Er verbringt auch gar nicht übertrieben viel Zeit auf dem stillen Örtchen, verläuft sich aber anschließend. Doch wer sucht, der findet, und so rollt unser Konvoi vollzählig an Bord der Fähre »Finlandia«, die um 15:30 Uhr ablegt. Die zweieinhalbstündige Überfahrt nach Tallinn gibt uns die Gelegenheit zu einem ersten Resümee. Christian und ich haben jetzt rund 1800 Kilometer auf dem Rad in den Knochen. Bislang sind wir von größeren Blessuren verschont geblieben. Nun ja, von wundgescheuerten Gesäßpartien und sonstigen Sorgen um die Weichteile einmal abgesehen. Christian gesteht, dass die bisherige Wegstrecke anstrengender gewesen ist, als er es sich vorgestellt hatte. Vor allen Dingen das ständige Auf und Ab hatte er so nicht erwartet: Wir haben jeden Tag zwischen 1317 und 1881 Höhenmeter absolviert.

Die anfänglich noch als faszinierend empfundene Monotonie der ewigen Wälder hat es ihm auch nicht gerade leichter gemacht. Ich nicke und denke: »Das Schönste an dieser Fährfahrt ist doch, dass Finnland vom Deck aus gesehen immer kleiner wird.« So sehr ich Skandinavien liebe, aber 1800 Kilometer mit Birken, Tannen und Mücken sind vom Sattel eines Fahrrads aus wirklich mehr als genug. Ein letzter Blick zurück auf die am Horizont verschwindende Silhouette von Helsinki, dann verdrücke ich mich in eine windstille Ecke, genieße die Sonne und die Ruhe.

*Muskelspiel bei
vollem Tempo auf
dem popoglatten
Rad-Highway süd-
lich von Tallinn*

Statt die Gelegenheit zu einem Nickerchen zu nutzen, vertiefe ich mich in geschichtlicher Lektüre, um mein historisches Wissen etwas aufzufrischen. Wir sind ja gerade dabei, die Schaubühne des Kalten Krieges zu wechseln. Finnland war während der Trennung Europas zwar neutral, aber west-

So lässt man sich Ortsdurchfahrten gefallen, völlig unbelästigt von drängelndem Autoverkehr

lich orientiert, musste jedoch besondere Rücksichten gegenüber der Sowjetunion nehmen. Der Beitritt zur Europäischen Union im Jahre 1995 erforderte daher politisches Fingerspitzengefühl gegenüber dem mächtigen Nachbarn im Osten, war aber niemals in Frage gestellt. Für die jetzt vor uns liegenden baltischen Staaten sah die Sache ganz anders aus. Sie waren bis zu deren Auflösung Teil der Sowjetunion. Nach dem Fall des Eisernen Vorhanges strebten Estland, Lettland und Litauen nach der Unabhängigkeit, was angesichts großer russischer Minderheiten in diesen Ländern nicht unproblematisch war. Die Forderung nach staatlicher Souveränität wurde 1991 aber erfüllt und 2004 erfolgte der Beitritt aller drei baltischen Staaten zur Europäischen Union.

Mit diesem historischen Bewusstsein gehe ich in Tallinn von Bord. Die Hauptstadt Estlands empfängt uns mit Sonnenschein und 16 Grad – was so ein bisschen Salzwasser zwischen zwei Küsten doch für einen Unterschied ausmachen kann. Tallin zählt 500 000 Einwohner, doch was die Metropole so besonders macht, ist die unmittelbare Nähe von Alt und Jung. Der mittelalterliche Stadtkern mit einem der am besten erhaltenen Hanse-Viertel der Welt liegt nur fünf Minuten Fußweg vom pulsierenden Geschäftszentrum der Stadt entfernt, wo Wolkenkratzer aus Glas und Stahl, Bars und Restaurants, moderne Hotels und Einkaufszentren die Historie der einstmals Reval heißenden Stadt beinahe vergessen lassen.

Wir halten uns trotzdem nicht lange auf, denn wir wollen heute noch gute 50 Kilometer Strecke schaffen. Zwar bekommen wir mal wieder heftigen Gegenwind, zur Entschädigung aber einen der besten Radwege der Welt. Enorm breit, mit Mittelstreifen und Pfeilen auf dem Asphalt für jene Zeitgenossen, die nicht wissen, auf welcher Seite der Radstraße sie sich bewegen sollen. Wir staunen nicht schlecht: Direkt aus der Einsamkeit Finnland herausgerissen, befinden wir uns nun auf einem Highway für Sportler. Radfahrer aller Couleur, Inlineskater, Läufer und Walker, alle haben diese gut 30 Kilometer lange Bahn für sich entdeckt. Für uns bedeutet das, dass wir unser Tempo mit Rücksicht auf die anderen Verkehrsteilnehmer drosseln müssen. Dafür können wir aber auch in Ruhe mal einen Blick nach rechts werfen, wo das Wasser der Ostsee im Sonnenschein des späten Nachmittags glitzert.

Irgendwann gehen auch die schönsten Dinge zu Ende. In diesem Fall ist es der Radweg. Wir tauchen in den Feierabendverkehr im Dunstkreis von Tallinn ein und absolvieren die letzten Kilometer des Tages. Die von der Fähre aus vorgepreschte Lagercrew hat in der Kürze der Zeit beim Dorf Kloogaranna tatsächlich wieder einen wunderschönen Lagerplatz entdeckt, auf einer Wiese direkt hinter dem Strand. Ohne Stechmücken – fast jedenfalls.

Das Trio ist gerade dabei, letzte Hand an die Vollendung des Nachtlagers zu legen, als Christian und ich auch schon um die Ecke biegen. Während die Gaskocher mit den großen Wassertöpfen vor sich hin köcheln, gibt es großes Kino: Max und Olmo haben wieder einen ihrer Clips fertig gestellt. Das gesamte Team versammelt sich um den Laptop – bei jeder dieser Aufführungen herrscht eine ganz besondere Atmosphäre. Es entsteht eine Nähe, wie sie sonst im Expeditionsalltag kaum möglich ist. Hier manifestiert sich der Teamgeist, zumal alle in irgendeiner Form zum Entstehen dieser Filme beigetragen haben. Wir sind gemeinsam stolz auf diese Bilder! Erst nachdem wir sie gesehen haben, werden sie nach Deutschland geschickt. Dort stellt Sandra sie auf unsere Internet-Seite, wo man sie heute noch findet.

Kloogaranna – Ikla

Die Bauernhöfe Estlands liegen verstreut wie kleine Inseln in weitem Landwirtschaftsland

Seit einer Woche im Sattel, gute 2000 Kilometer geschafft. Manchmal bin ich versucht, diese Tour mit meinen anderen Unternehmungen zu vergleichen. Obwohl ich weiß, dass sie nicht vergleichbar ist. Ich habe das Gefühl, nicht wirklich in dieses Projekt hinein zu kommen und kann nicht einmal mit Bestimmtheit sagen, warum das so ist. Vielleicht war die Vorbereitungszeit zu kurz, alles zu überhastet, mit den vielen kleinen Problemen des Arbeitsalltags gespickt. Der größte Unterschied zu anderen Expeditionen liegt vermutlich aber darin, dass ich diese zwei bis drei Jahre im Voraus zu planen begann. Man wuchs in diese Projekte hinein, bis sie Teil von einem waren. Diese Zeit fehlte dieser Expedition. Dennoch bin ich überzeugt von unserem Vorhaben, sonst wäre ich gar nicht erst an den Start gegangen.

Als ich in mein Radtrikot schlüpfe, stelle ich fest, dass der Stoff trotz der bisherigen Strapazen immer noch verdächtig um den Bauch herum spannt. Aha, scheinbar verliert man doch weniger Gewicht als gedacht. Da ich mir wie vor jeder Expedition auch diesmal ausreichend Kilo als Vorrat angefressen hatte, wird nun kurzerhand der Ernährungsplan umgestellt. Vor allen Dingen werden jetzt meine geliebten Eiweißriegel drastisch rationiert und das Studentenfutter ist erst einmal gestrichen. Das Leben kann wirklich hart sein! Zumal Christian scheinbar keine Probleme dieser Art hat und weiterhin fröhlich Riegel in sich einschiebt.

Nur keine Abzweigung verpassen, denn Umwege braucht auf solch einer langen Strecke keiner

Es verspricht trotzdem ein schöner Tag zu werden. Die Sonne scheint vom leicht bewölkten Himmel, die Temperatur liegt bei 20 Grad Celius. Die Route führt im Hinterland der Ostseeküste entlang, durch idyllische Wald- und Weidelandschaften, durch verträumte Ortschaften mit weit

Zwei Radfahrer im Zwiegespräch – auch das geht
in den gemütlichen Städtchen Estlands

verstreut liegenden Häusern, vorbei an einsamen Bauern-
höfen, die sich zwischen Bäumen in die Wiesen ducken wie
Inseln im Meer. Statt finnischen Rentieren begegnen wir
jetzt gut genährten Rindern, die in der Sonne dösen und bei
uns gewisse Assoziationen bezüglich des Speiseplans aus-
lösen. Dort, wo der Radweg des Iron Curtain Trail die einsamen Landstraßen verlässt und sich seine Route durch lich-
ten Kiefernwald sucht, mutiert er zu verschlungen Pfaden
mit Schotter-Belag. Eine beschauliche, friedliche Welt. Alles
könnte so schön sein. Wenn da nicht der Wind wäre. Von der
See her weht eine steife Brise, gemein und erbarmungslos,
immer von vorn – Christian und ich haben schwer zu kämpfen auf unseren Rädern. Der giftige Gegenwind lässt mich
auch wieder an meine schönen Riegel denken. Ablenkung ist
angesagt. Wir ackern wie blöde, und ab und zu schleicht sich
der Gedanke in den Kopf: »Was wäre, wenn wir einfach mal
eine Unterstützungsstufe höher fahren?« Was dann wäre?
Wir würden uns selbst betrügen, und das ist für mich nicht
denkbar. Also weiter ackern. Es ist schwer, den Rhythmus
zu finden, und Windschattenfahren findet meinem Gefühl
nach gar nicht mehr statt. Der Wind kommt so fies von der
Seite, dass ein Ausruhen über die gewohnten vier Kilometer
hinter dem Vordermann nicht möglich ist.

Also tauche ich in mich selbst ein und versuche, den
Rhythmus des Krafteinsatzes mit den Gedanken im Kopf in
Einklang zu bringen. Die immer wieder eingestreuten, stau-
bigen Sand- und Schotterstrecken machen die Sache nicht
einfacher. Sie verlangen uns einen gewissen Hüftschwung
ab und zehren zusätzlich an den Kraftreserven. Dafür begeistert mich jedes Mal der wiederkehrende Asphalt dermaßen,
dass ich die unterschiedlichen Verarbeitungsmerkmale des
Asphalts zu studieren beginne. Ein untrügliches Zeichen
dafür, dass ich bisher nicht genug Abwechslung bekommen habe. Ich könnte mir auch Schöneres vorstellen, etwa
den erhofften dauerhaften Blick aufs Meer. Nur ist die Reali-
tät leider anders als auf dem bunten Papier einer Landkarte:
Den Blick aufs Meer gibt es zwischen unzähligen Bäumen
und Hügeln höchstens ein paar Sekunden am Stück, und das

*Etwas windschief,
aber putzig – die
Esten pflegen auf
dem Land die Idylle*

*Bei der wohlver-
dienten Mittags-
pause bereitet die
Begleitcrew auf
Gaskochern
Trekkingessen,
Kaffee und Tee zu*

ganze fünf Mal am Tag. Zu erhöhter Motivation trägt das bei uns nicht gerade bei.

Wir verzichten trotzdem auf die Fahrt über die vorgelagerten Inseln Hiiumaa und Saaremaa und bleiben immer schön auf dem Festland. Für solche Umwege und weitere Fährfahrten, das wussten wir bereits im Vorfeld, haben wir keine Zeit. Dafür präsentieren uns die größeren Orte an der Küste die zwiespältigen Hinterlassenschaften des einst real existierenden Sozialismus. Zwischen baulichem Prunk und Protz samt den dazugehörigen Heldendenkmälern finden sich die architektonischen Grausamkeiten des sowjetischen Zeitalters. Die grobe Betonromantik der Plattenbauten zieht automatisch unsere Blicke an, und die Frage »Wie konnte man denn so etwas machen?« wechselt zwischen Christian und mir hin und her, ohne dass wir eine Antwort erwarten würden. Und draußen am Meer stehen hier und dort noch ehemalige Wachtürme, Relikte aus der Zeit des Kalten Krieges, die nach offizieller Lesart die Vorzüge des Sozialismus vor

Erste Hilfe am Straßenrand, doch gottlob ist es nur eine Reizung

imperialistischen Angriffen schützen, und nicht etwa die eigene Bevölkerung an der Flucht hindern sollten. Ach ja.

In der Nähe eines solchen Wachturms bei Matsalu passiert es dann. Wir haben gut 200 Kilometer des Tagesprogramms absolviert, als Christian in den Wind schreit: »Achillessehne, Arsch, Kopf – alles Scheiße!« Wir halten sofort an, winken das Streckenfahrzeug heran, damit es uns Windschutz gibt. Christian hat seit ein paar Kilometern einen leichten Schmerz gespürt, jetzt wird es Gewissheit: Etwas stimmt nicht mit der Achillessehne des rechten Fußes. Er muss vom Rad. Ich bin zwar kein Mediziner, habe aber genügend Expeditionserfahrung auf dem Buckel, um zu wissen, was Not tut. Ich taste die schmerzende Stelle ab, vermute eine Reizung und hoffe, dass mein Mitstreiter sich keine Entzündung der Sehne eingefangen hat: »Mann, war gut, dass du so schnell reagiert hast und nicht einfach weiter gefahren bist!«, sage ich und lege dem Patienten einen Stützverband aus der Materialkiste des Begleitfahrzeugs an. Der nächste Teil der Akutbehandlung: Eine dicke Portion irgendeines Fettgemisches für den Allerwertesten, hier schließe ich mich vorsorglich gleich an. Dann die Behandlung des Kopfes: eine Aspirin-Tablette in die Radflasche. Genügt das? Kann Christian weiter fahren? Er kann. So sieht Erste Hilfe im Straßengraben aus. Keine 15 Minuten später besteigen wir wieder unsere Alurösser und treten in die Pedale. Immerhin haben wir heute noch mehr als 100 Kilometer vor uns.

Unsere Arbeitstage auf dem Rad hatten wir vorab in etwa 50 Kilometer lange Stücke eingeteilt, da die Reichweite der Akkus ungefähr diese Entfernung vorgibt. Allerdings stellen wir jetzt eine überraschend deutliche Temperaturabhängigkeit fest. Bei Temperaturen um den Gefrierpunkt, wie am Anfang unserer Reise, hielt ein Akku mitunter nur 48 Kilometer. Zehn Grad mehr machen in etwa fünf Kilometer mehr Reichweite. So werden unsere Pausen zum Akkuwechsel vorgegeben. Das Akkumanagement aber funktioniert prima. Merida hat uns sicherheitshalber gleich 14 dieser Batterien mit auf den Weg gegeben, und die nicht im Einsatz befindlichen Akkus werden im Begleitfahrzeug durch die

Autobatterie aufgeladen. Das geht schneller, als wir es nach den ersten Probefahrten vermutet haben und garantiert uns eine permanente Versorgung mit den Kraftpaketen.

Wir fahren immer noch in Küstennähe, natürlich ohne Meerblick. Immerhin, in Pärnu, das als Sommerhauptstadt des Landes gilt, spürt man den nahenden Sommer nicht nur an den Temperaturen, sondern auch an der aufkeimenden Geschäftigkeit. Wir aber sind am Ende eines langen Tages heilfroh, im eigenen Lager anzukommen. Unsere wandernde Auto- und Zeltstadt hat diesmal beim Ort Ikla Halt gemacht, einen (zugebenermaßen weiten) Steinwurf von der Grenze nach Lettland entfernt. Wir lagern auf einer Wiese, nur durch einen breiten Schilfgürtel vom Meer getrennt und in Sichtweite eines Bauernhofs, dessen Hühnergehege auch schon wieder an kulinarische Verheißungen erinnert. Es gibt aber weder Rind noch Huhn, sondern frisch zubereiteten Reis mit Gemüsesoße – das ist ebenso nahrhaft wie gesund und schmeckt trotzdem lecker.

Später nimmt sich unsere Medizinfrau Dietlinde im Mannschaftszelt noch des Patienten an und diagnostiziert ein Reizungssymptom. Ein klares Anzeichen von Überlastung – kein Wunder nach fast 2200 Kilometern Ochsentour. Christian bekommt eine Massage, Akupressur und anschließend eine entzündungshemmende Creme verpasst, dazu den klaren Bescheid, ab jetzt jeden Tag einen anderen Schuh zu tragen, um Variation in die Belastung des Fußes zu bringen. Dann wird es schon gehen.

Halbwegs beruhigt krieche ich in meinen Schlafsack. Es stört mich nicht einmal mehr, dass von der Ostsee her leichter Nieselregen das Camp berieselt – wir liegen im Trocknen und ich entschlummere in den verdienten Schlaf.

FREITAG, 04. JULI 2014:

Ikla – Upesgriva

336 Tageskilometer / 2504 Gesamtkilometer

*Bis auf zwei Radfah-
rer nichts los an der
Grenze nach Lettland*

Kaum im Sattel, stehen wir auch schon an der
Grenze von Estland nach Lettland. Und gleich
gibt es den ersten Aufenthalt. Allerdings keinen
wegen irgendeines Grenzers, schließlich ist Lettland nicht
nur EU-Mitglied, sondern, wie die beiden anderen baltischen Staaten auch, Mitglied des Schengener Abkommens.
Nein, wir treffen vielmehr auf einen anderen Radfahrer, und
zwar einen der besonderen Art: Rudolf Klust stammt aus
Burghausen nahe der deutsch-österreichischen Grenze. Er
ist vor 18 Tagen mit seinem handelsüblichen und schwer
bepackten Alltagsrad in Ahlbeck aufgebrochen und hat

Treffen mit einem
überaus rüstigen
Rentner

seither jeden Tag 70 bis 80 Kilometer absolviert – und der
Kerl ist 78 Jahre alt! Bis Helsinki will der rüstige Rentner
noch kommen, dann soll es für diesmal genügen. Schlauer
als wir ist er allemal – auf die Frage von Christian, warum er
denn nicht in Helsinki gestartet sei, antwortet er verschmitzt:
»Ich wollte Rückenwind.« Prima, denke ich, vielleicht hätten
wir auch am Schwarzen Meer anfangen sollen? Als wir ihm
schließlich zu unseren E-Bikes Rede und Antwort stehen,
schmunzelt Rudolf wieder: »Jo, mit 80 kaufe ich mir auch so
eines.«

Wir aber haben mehr als 300 Kilometer statt 70 oder 80 auf
dem Tagesprogramm. Und Gegenwind, klar. Knapp 70 Kilometer sind es von hier bis in die lettische Hauptstadt Riga,
und die werden nicht einfach. Natürlich hätten wir die an der
Küste entlang führende Schnellstraße A1 nehmen können,
aber wir bevorzugen nun mal die Natur, nicht die Abgase.
Also biegen wir schon kurz hinter der Grenze bei Ainazi
ins Hinterland ab, um in schlankem Bogen eine Parallel-
route auf kleinen Sträßchen zu befahren. Dafür müssen wir
jetzt allerdings auch reichlich Schotter und Sand unter den
Rädern in Kauf nehmen. Wir werden aber mit dem Durchqueren des Biosphärenreservats von Nordvidzeme reichlich entschädigt. Das fast 4600 Quadratkilometer messende
Areal besteht aus Mischwäldern, Hochmooren, Seen, Sand-
steinfelsen und Dünen – langweilig wird es uns hier nicht.
Wir folgen ein Stück weit dem romantischen Flusslauf des
Salaca, passieren die alte Hansestadt Limbazi und den einzigen lettischen Wintersportort Sigulda. Schließlich schlagen wir wieder direkten Kurs gen Riga, zurück in Richtung
Meer ein. Da aber veranstaltet die Natur gleich zweimal hintereinander ein derartiges Donnerwetter, dass Christian und
ich uns sicherheitshalber ins Begleitfahrzeug flüchten, um
Blitzgewitter und herabstürzender Sintflut zu entgehen.

Am Ende siegt die Sonne im Ringen mit den dräuend
schwarzen Wolkenbergen. Das ist gut so, denn wir haben
auch ohne Regen schon alle Hände voll damit zu tun, das Ver-
kehrschaos der völlig verstopften Hafen-Metropole und den
mitunter reichlich unkoordiniert wirkenden Autoverkehr

Nicht immer ist der
Europa-Radweg 13
so gut ausgeschildert
wie hier

lebend zu überstehen, während wir uns auf unseren Rädern Straßenzug um Straßenzug, Kreuzung um Kreuzung bis in die Innenstadt vorkämpfen. Rund 700 000 Menschen leben in der Hauptstadt Lettlands und die alte Hansestadt an den Ufern der Daugava versteht sich als politisches, wirtschaftliches und kulturelles Zentrum des Landes. In ihrem Herzen mit den historischen Straßenzügen tobt das Leben, und genau dort haben wir eine Verabredung mit unseren Medienteams, die vorausgeeilt sind, um Motive auszukundschaften. Wir werden uns an den Orten der eigenen Erinnerungen treffen, denn mit Max und Matthias war ich bereits im Rahmen unserer Welttour 2011 hier gewesen und hatte nur wunderbare Erlebnisse aus dieser Stadt mit ihren offenen, freundlichen Menschen mitgenommen. Nach etwas Hin und Her finden wir uns im Großstadt-Dschungel.

Während der Foto- und Filmarbeiten aber kommt es auch jetzt wieder zu den von uns gewollten Kontakten. Wir lernen Arturs Andzs kennen. Der 35-Jährige hat die Zeiten des Kalten Krieges, als Lettland Teil der Sowjetunion war, nur als Kind erlebt, kann sich aber gut an die spärliche Auswahl in den Geschäften erinnern. Als Schüler bemerkte er dann, wie die Medien arbeiteten: »Über den Absturz der US-Raumfähre Challenger berichteten alle blitzschnell, klar, die Amerikaner hatten mal wieder versagt. Die Atom-Katastrophe von Tschernobyl dagegen fand erst Erwähnung, als die Gerüchteküche bereits am überkochen war.« Arturs ist froh, dass Lettland heute Teil der EU ist, bedauert aber den wirtschaftlichen Abstieg seines Landes: »In der UdSSR waren wir dank unserer Industrie Spitze, heute leben wir vornehmlich von den Geldern aus Brüssel.« Eine Frage aber liegt mir ganz besonders am Herzen: Ob er angesichts der Geschehnisse in der Ukraine Russland als Bedrohung empfindet? Oh ja, das tut er – schließlich wisse niemand, was der mächtige Nachbar als nächstes plane. Und das Vertrauen vieler Letten in EU und NATO sei in dieser Beziehung nicht allzu groß: »Würdet ihr uns im Ernstfall wirklich beistehen?« Ich muss unwillkürlich schlucken – würden wir Deutsche tatsächlich eine militärische Auseinandersetzung riskieren?

Wer sucht, der findet in der Altstadt von Riga auch noch stille Gässchen

Niderlande sveic Latviju
neatkaribas atjaunošanas
20. gadadienā

2010. gada 4. maijs

Das Fahrrad-Denk-mal von Riga mit einer hübschen »Fahrerin«

Natürlich ist anschließend der Besuch jener Fahrrad-Statue, die die Niederlande der Stadt Riga im Mai 2010 anlässlich des 20. Jahrestags der Eigenständigkeit Lettlands geschenkt haben, ein Muss für uns Radfahrer. Dort treffen wir Olga Lyashuk. Die Wirtschaftswissenschaftlerin wurde vor 26 Jahren in Riga geboren und ist durch die Familienbande praktisch noch immer ein Kind der UdSSR. Ihr Vater stammt aus der Ukraine, ihre Mutter ist Russin, sie selbst betrachtet sich als Lettin. Olga war drei Jahre alt, als der Eiserne Vorhang fiel, die Verhältnisse während des Kalten Krieges kennt sie nur noch aus Schulbüchern und von den Erzählungen der Eltern. Lange Schlangen vor den Geschäften? Unvorstellbar, wo es heute überall Läden für alles und jedes gibt. »Für mich liegt diese Zeit ungefähr genauso weit weg wie das Zeitalter der Dinosaurier«, lacht die junge Frau. »Ich denke weniger an die Vergangenheit und lieber an die Zukunft.« Diese Einstellung gefällt mir. Olga sieht aber auch die derzeitigen politischen Herausforderungen deutlich gelassener. Sie glaubt, dass Lettland dank seiner Lage und Geschichte künftig eine Brücke schlagen könnte zwischen Europa und Russland. Ich hoffe, sie behält Recht.

Leider bleibt nicht allzu viel Zeit bei solchen Gesprächen, wir müssen weiter. Und der Weg aus Riga hinaus erweist sich als noch schwieriger als der Weg hinein. Selbst das Navigationssystem verliert gelegentlich den Überblick, und so enden wir plötzlich auf der Autobahn. Was niemanden der einheimischen Verkehrsteilnehmer zu stören scheint, denn wir sind wahrhaftig nicht die einzigen Radfahrer, die hier auf verbotenem Terrain herumgeistern. Wir wollen jedoch zurück an die Küste, und so schlagen wir uns durch das Gewirr der Vororte in Richtung Meer. Christian und ich sind bei solchen Durchquerungen von größeren Orten oft auf uns allein gestellt, denn unserem Begleitfahrzeug gelingt es im dichten Verkehr nicht immer in Sichtweite zu bleiben. Es werden daher regelmäßig Treffpunkte an neuralgischen Punkten ausgemacht, und dann versucht jede Seite, selbst einen Weg dorthin zu finden. Das funktioniert auch heute prima und so rollen wir wieder gut behütet durch

Straßenmusikanten gehören zum Stadtbild der lettischen Hauptstadt

87

unser Streckenfahrzeug nach Jurmala, den gefühlt größten und längsten Badeort der Welt, mit einem 30 Kilometer langen Strand, unzähligen romantischen Villen und verträumten Strandhäusern aus dem 19. Jahrhundert. Ohne unseren Zeitplan würden wir doch glatt noch einmal anhalten, um diese Atmosphäre zu genießen.

Es gibt ab hier einen direkten Weg am Meer, aber unbefestigte Pisten und erneuter kräftiger Gegenwind lassen uns den Empfehlungen der Radkarte folgen: Wir nehmen die parallel verlaufende Küstenstraße. Die Ostsee rächt sich dafür auf ihre typische Art: Ihr Geruch weht gelegentlich bis zu uns herüber und manchmal können wir die sanfte Brandung hören, zu Gesicht aber bekommen wir sie wegen des dichten Waldsaums so gut wie nie. Doch was soll's, wir sind ja nicht zum Vergnügen hier und im Übrigen mit dem herrschenden Verkehr ausreichend beschäftigt. Wobei ich feststellen muss, dass wir seit Beginn unserer langen Reise bislang keinerlei nennenswerte Auseinandersetzungen mit Autofahrern hatten – außer einer. Mit einem deutschen Autofahrer in Finnland. Dem hatte auf einer einsamen Landstraße unser Nebeneinanderfahren auf den Rädern missfallen, was er durch Hupen und Gesten unmissverständlich kundtat. Und wenn tausendmal kein Auto unterwegs ist, Regeln sollten wohl seiner Meinung nach Regeln bleiben!

Wir kommen heute trotz des längeren Aufenthalts in Riga auf stattliche 336 Kilometer Tagesleistung. Besonders erleichtert bin ich darüber, dass Christians Sehne gehalten hat. Mein Kompagnon verspürt keinerlei Schmerzen mehr. Hätte er aussetzen müssen, wäre ich allein auf dem Rad unterwegs gewesen – kein angenehmer Gedanke. Ein Wehrmutstropfen ist dagegen die Tatsache, dass der Elektromotor meines Rads heute gleich mehrmals »Fehler 500« meldet. Offensichtlich ein Defekt in der Elektronik. Es bleibt mir vorerst nichts anderes übrig, als sie mit wildem Drücken verschiedener Tastenkombinationen zu überlisten. Warum im Folgenden eine bestimmte Abfolge des An- und Ausschaltens tatsächlich zur Behebung der Störung führt, bleibt ein Geheimnis.

Der Stadtpark von Riga könnte der Entspannung dienen – könnte. Leider müssen wir weiter

Bunt und lebensfroh präsentiert Riga sich nicht nur wegen der zahlreichen Blumenläden

Nach einem derart ereignisreichen Tag ist es aber vor allem für die Begleitcrew umso schöner, das Nachtquartier auf einem kleinen, kuscheligen Campingplatz bei Upesgriva, nur durch Schilf und Dünen von der Ostsee getrennt, zu beziehen. Und es kann auch endlich wieder einmal richtig geduscht werden! Da verzeihen mir meine Mannen und die eine Frau sogar, zu spät zur Fernsehübertragung des Spiels der deutschen Nationalmannschaft im WM-Viertelfinale gegen Frankreich gekommen zu sein. Gewonnen haben unsere Jungs ja trotzdem, Mats Hummels sei Dank.

Es wird immer schön hintereinander gefahren, um den Windschatten zu nutzen

Upesgriva – Karkle

336 Tageskilometer / 2840 Gesamtkilometer

Manchmal muss man einfach Glück haben. Gleich nach Aufstehen, Frühstück und dem Blick in die müden Gesichter der anderen ist das Hauptthema die vor uns liegende Tagesstrecke. Laut Plan soll uns schon nach wenigen Kilometern eine Schotterstraße empfangen, die uns dann lange 60, in Worten sechzig, Kilometer foltern wird. Stummes darauf Zufahren, sich innerlich stärken, um bereit zu sein, die Herausforderung anzunehmen – so kann man unsere Haltung in den Sätteln beschreiben. Und dann? Nichts ist! Die Schotterstrecke hat man in eine saubere, geradezu mit Flüsterasphalt überzogene Rennstrecke verwandelt. Und das Glück kommt bekanntlich selten allein: Zur glattgefegten Piste gesellt sich ein kräftig schiebender Wind und on top gibt es endlich Temperaturen, die man ohne zu Lügen als hochsommerlich bezeichnen kann. Also weg mit dem Langarmtrikot und erstmals unser schönes Tour-Trikot überstreifen – was für ein wunderbares Gefühl, mit nackten Armen und Beinen den Fahrtwind zu spüren!

Mit Höchstgeschwindigkeit rauschen wir die Küste entlang und sind dabei oft die einzigen Verkehrsteilnehmer. Wir passieren kurz hinter dem Ort Kolka die nördlichste Spitze des Kurzemes genannten Landstriches, an der die Rigaer Bucht in die Ostsee übergeht, und versuchen dann die erneut angekündigten Schotterstrecken möglichst küstennah zu umfahren. An der Ostseeküste gab es während des Kalten Krieges zwar keine Mauer oder Stacheldrahtzäune, doch er existierte auch hier, dieser Eiserne Vorhang, nur eben weitgehend unsichtbar: Große Teile des Küstenstreifens zwischen St. Petersburg und Usedom waren militärisches Sperrgebiet. Nach dem Fall des Eisernen Vorhanges wurden diese Regionen nach und nach geöffnet und erst jetzt kann man erahnen, wie hochgerüstet dieser Teil der Grenze zwischen östlicher und westlicher Welt war. Immer wieder stoßen wir auf Hinterlassenschaften dieser Zeit, vor allem auf Wachtürme und Plattenbauten des sowjetischen Militärs. Vieles davon ist vom Abriss bedroht, und man kann nur hoffen, dass sich mehr Interesse für den Erhalt dieser steinernen Zeugen des Kalten Krieges entwickelt, denn sie sind wichtiges Anschauungsmaterial für eine ganze Epoche europäischer Geschichte und Mahnmale gegen das Vergessen zugleich.

Früher Sperrgebiet, heute Erholungsgebiet: die Strandzone der lettischen Ostseeküste

Lettland bietet, obwohl fast topfeben, genügend Abwechslung. Wir erleben einen ständigen Wechsel der Landschaften, passieren Wälder, in denen die Kiefern dicht an dicht und kerzengerade gen Himmel streben, dann wieder liebliche Wiesenlandschaften, in denen sich Gehöfte malerisch unter Birken und hinter Buschwerk verstecken. Wir durchfahren idyllische Ortschaften, in denen die Zeit still zu stehen scheint. Und wir durchqueren Städte wie Ventspils und Liepaja, in denen die Betonplatten-Architektur sowjetischer Prägung noch weit verbreitet ist. Teils sind diese tristen Wohnsilos noch gut erhalten und bewohnt, teils stehen sie leer und verströmen einen leicht morbiden Charme.

Verständlich also, dass die Herren über Foto und Film heute besonders aktiv sind. Und weil nun mal beide Teams ständig an uns Radfahrern dran bleiben, denn wir gehören irgendwie ja auch dazu, kommt es gelegentlich zur Kollision. Da fährt das Foto-Auto den Filmern ins sorgsam geplante Bild, versaut das Film-Auto dem Fotografen das wunderschöne Motiv. Und wer darf die Zeche zahlen? Genau: Christian und ich. Umdrehen, das Ganze noch mal. Böse sein kann ich den Jungs aber nicht wirklich, sie machen ihren Job, und das richtig gut.

Von meinem Rad kann ich das derzeit nur bedingt behaupten. Der E-Motor lässt mich auch heute wieder ein ums andere Mal im Stich. Das kostet jedes Mal Kraft, viel Kraft. Kraft, die ich noch auf tausenden Kilometern brauche! So schleppe ich mich zunehmend wütend über den nicht nur verlas-

Früher brummten die Werften und Häfen, heute dienen sie oft nur noch als Kulisse

Nicht schön: die
Hinterlassenschaften
sowjetischen Woh-
nungsbaus

senen, sondern schon reichlich verwahrlosten Grenzübergang nach Litauen. Wir lagern auch heute Abend wieder auf
einem Campingplatz, die Grenznähe und lauter eingezäunte
Felder lassen uns keine andere Wahl. Ich aber habe jetzt die
Faxen dicke und komme zu dem Entschluss, dass ich morgen auf das Ersatzbike umsteige. Willy und Didi tauschen
noch am Abend alle wichtigen Teile wie Liegelenker und Sattel aus, damit ich morgen in gewohnter Manier starten kann.

Christian und ich vertreiben uns den restlichen Abend
dann mal wieder mit ein paar völlig sinnfreien Grundsatz-
diskussionen über Streckenlängen und gegenseitige Rücksichtnahme. Ich glaube, dass diese zu nichts führenden
Streitigkeiten und Wortgefechte während einer solchen
Tour einfach dem Druckausgleich dienen. Immerhin sind
wir erneut auf den Punkt genau 336 Kilometer gefahren und
der Körper beginnt langsam zu begreifen, dass es wohl tatsächlich so bald keinen Ruhetag geben wird. Ich bin mir
sicher, dass der Körper diese Befürchtung dem Kopf signali-
siert, und der beginnt dann mit eigenartigen Verarbeitungs-
maßnahmen – wie dem Anzetteln von vollkommen idioti-
schen Auseinandersetzungen mit dem Bike-Kumpel. Aber
gut, manchmal ist ein wortloses Einschlafen ja auch ganz
wohltuend.

Vergangenheit:
Das war einmal
die Grenzstation
zwischen Lettland
und Litauen

Unter den Alleen bietet gelegentlicher Schatten
etwas Schutz vor der brütenden Hitze

Karkle – Wizajny

317 Tageskilometer / 3157 Gesamtkilometer

Litauen ist das Land der Störche, und manchmal sind sie zu Fuß unterwegs

Auch wenn heute Sonntag ist: Statt zur Kirche, heißt es für uns pünktlich aufs Bike zu kommen. Start ist wie immer um 7:00 Uhr. Auch um diese Uhrzeit spüren wir schon, dass es einen heißen Tag geben wird, die Temperaturen klettern jetzt schon in Richtung 20 Grad. Die Wortlosigkeit des Vorabends zwischen Christian und mir hält noch gute 40 Kilometer an, dann ist die alte Freundschaft wieder hergestellt. Gleichzeitig erreichen wir unser erstes Tagesziel: Kleipeda. Die Stadt spielt vor allem als Fähr- und Handelshafen eine bedeutsame Rolle und wir passieren sie auf Sichtweite zu den Hafenanlagen, und zwar mal wieder auf anderen Wegen als unser Versorgungsfahrzeug. Dann bewegen wir uns in einem weiten Bogen von der Küste weg ins Inland, direkt in Richtung Polen. Nötig ist dieser Schlenker, um die russische Exklave von Kaliningrad, dem früheren Königsberg, zu umrunden. Dieser Teil des ehemaligen Ostpreußens ist für uns aus den gleichen Gründen tabu wie vor wenigen Tagen St. Petersburg. Ein Umweg, der sich allerdings lohnt. Da wir auf Nebenstraßen unterwegs sind, erleben wir Litauen fern der touristischen Routen. In ausholenden Schwüngen und sanften Wellen windet sich das Asphaltband durch eine offene, unregelmäßig von Laubwäldern durchbrochene, sonnenüberflutete Landschaft. Das Korn der Felder steht bereits hoch, Kühe und Pferde grasen auf saftig grünen Weiden. Vereinzelt lugen Gehöfte zwischen Schatten spendenden Laubbäumen hervor und auf den hölzernen Strom- und Telefonmasten nisten die Störche. In den Ortschaften am Wegesrand schlägt ein langsamer Puls, es ist schließlich Sonntag, da hat man keine Eile.

Wir schon. Die Sonne brennt mittlerweile gnadenlos vom Himmel und wir lernen wieder in der Praxis, was wir eigent-

Auch solche Anblicke bieten Abwechslung: ein angestaubtes Künstlerhaus inmitten eines wuchernden Gartens

99

lich schon immer wussten: Nachcremen mit Sonnencreme hilft nicht. Alle nicht bekleideten Körperteile nehmen einen rötlichen Grundton an, schön glänzend vom Schweiß der harten Arbeit bei satten 30 Grad im Schatten. So passieren wir am späten Nachmittag südlich von Vilkaviskis die Grenze nach Polen. Und siehe da: Nach den sanften Wellen in Küstennähe gibt es auch mal wieder richtig knackige Steigungen zu bewältigen. Ich kann mich kaum daran erinnern, dass wir auf der bisherigen Strecke schon einmal das Hinterteil aus dem Sattel heben mussten. Jetzt aber ist es soweit – endlich, das gehört schließlich auch zum Radfahren.

Was allerdings auf sich warten lässt, ist ein Lebenszeichen des Lagerteams. Manfred müsste doch längst fündig geworden sein. Auch Christian sehnt das heutige Schichtende und vor allem Füllstoff für den Magen herbei, und so lässt er sich zu einem folgenschweren Satz hinreißen: »Also, wenn es im nächsten Ort ein Restaurant gibt, dann lade ich alle zu einem Bier und einem Essen ein!« Und was ist? Genau: Im nächsten Ort gibt es ein Restaurant. Ein einfaches Haus mit netter Bedienung, bei der wir mit Händen und Füßen bestellen, da keiner die Sprache des anderen spricht. Das Essen aus der heimischen Küche ist für uns zwar nicht identifizierbar, schmeckt aber lecker, und dazu genehmigen wir uns ein eiskaltes Bier. So lässt sich die Wartezeit überbrücken.

Eine gute Stunde später kommt der erlösende Anruf: Das Lager steht. Dummerweise 20 Kilometer entfernt, und die Strecke dorthin führt gefühlt nur noch bergauf – oder liegt dieser Eindruck etwa am allzu gut gefüllten Magen? Dann sind wir endlich am Ziel. Manfred und Co. haben bei Wizajny, auf halbem Weg in Richtung Goldap, eine Wiese auf dem Bauernhof von Janusz und Iwona Rudziewicz in Beschlag nehmen dürfen, nicht weit von der guten Stube der Bauersleute entfernt und mit Blick auf einen See. Wir erfahren einmal mehr, was echte Gastfreundschaft ist. Der Hausherr bringt Brot, Butter und Käse fürs Abendessen, alles von Mutter Wieslawa höchstpersönlich zubereitet. Janusz hat mehrfach bei Hamburg als Saisonarbeiter in einer Baumschule gearbeitet und spricht daher etwas Deutsch. Stolz zeigt er uns

Auch das gibt es noch in Litauen: ein renovierungsbedürftiger Kirchenbau auf dem Land

Und wieder eine Grenze – das ging in den letzten Tagen Schlag auf Schlag

seinen Hof, auf dem Kühe, Schweine, Schafe und eine Ziege einträglich miteinander leben. In den Sommermonaten vermietet er zudem Zimmer (www.agroburniszki.com) – Ferien auf dem Bauernhof, Badeurlaub inklusive.

Urlaub haben wir zwar keinen, doch eine Runde Schwimmen ist heute Abend trotzdem drin. Danach genießen wir zwischen Zelten und Fahrzeugen ein fürstliches Abendessen. Pellkartoffeln mit Quark, dazu Tomatensalat, das frische Brot und Omas Käse – ein Traum. Sogar die Toilettenfrage ist geklärt: Hinter der Scheune gibt es einen überdimensionalen Komposthaufen. Eigentlich endet dieser Tag also nahezu perfekt – doch das Einschlafen fällt mir schwer, weil die Wärme des Tages nicht aus dem Wohnmobil weichen will. Die stickige Luft hält mich wach, und ich komme nicht umhin, über die uns entgegengebrachte Gastfreundschaft zu staunen. Sie ist wahrlich keine Selbstverständlichkeit nach allem, was Deutsche den Polen im Lauf der Geschichte angetan haben. Und am Ende des Zweiten Weltkriegs fiel das Land in den sowjetischen Herrschaftsbereich, von dessen Fesseln es sich erst 1991 befreien konnte. Trotz alledem werden wir überall freundlich empfangen – mit einem Gefühl der Erleichterung und Dankbarkeit schlafe ich schließlich ein.

Lagerchef Manfred (re.) überreicht Bauernfamilie Rudziewicz den Wimpel der Stadt Wolfsburg als Dank für das Nachtlager

Wizajny – Elblag

344 Tageskilometer / 3501 Gesamtkilometer

D ie Sonne ist schon aufgegangen und kündigt einen weiteren heißen Tag an. Unsere Gastgeber sind zwar der Meinung, dass wir noch den einen oder anderen Tag bleiben könnten, doch wir müssen weiter. Dick mit Sonnencreme beschmiert, einen leichten Wind im Rücken, so geht es auf die Tagesetappe. Wir arbeiten uns immer dicht an der Grenze zum russischen Kaliningrad-Zipfel durch Polen, zurück in Richtung Ostsee. Der Asphalt ist noch gute 30 Kilometer klasse, wird dann bröckelig und ergibt sich schließlich dem Unwesen tausender Schlaglöcher. Dann kommt eine Baustelle. Ein Glück? Von wegen! 50 Kilometer ist die Flickerei lang und wir müssen unzählige Ampel-Stopps einlegen, weil die Strecke fast auf der gesamten Länge lediglich über einen Fahrstreifen verfügt und die langen Fahrzeugkolonnen nur abwechselnd in ihre jeweilige Richtung fahren können. Egal, wir lassen uns bei diesem Topwetter nicht die Laune vermiesen.

Beim Medienteam sieht das ganz anders aus. Christian und ich wundern uns schon, wo die beiden Caddys mit den Plagegeistern an Bord stecken – wir haben sie heute überhaupt noch nicht gesehen. Erst gegen Abend erfahren wir von ihrem Schicksal. Gleich am Anfang der Tagesstrecke, kurz hinter Goldap, hat Olmo Pech und den Vorderreifen seines Wagens demoliert – vier Räder unterm Hintern sind beim Slalom zwischen Schlaglöchern eben schwieriger zu manövrieren als nur zwei. Eine scharfe Kante hat den Mantel seitlich zerschlitzt, da ist mit Reifen-Kit nichts mehr zu retten. Nur: Wagenheber und Radkreuz sind leider auch nicht an Bord. Also rasen Matthias und Fotograf Joachim mit dem unversehrten Caddy zurück in den Ort und organisieren beim Reifenhändler die fehlenden Utensilien. Wieder an der Unglücksstelle wird das Rad mit dem zerstörten Reifen abmontiert und erneut geht es nach Goldap, um einen neuen Pneu aufziehen zu lassen. Dann wieder zurück zu den Schiffbrüchigen, das Rad montieren. Und wieder zum Reifenhändler, um das Werkzeug abzuliefern – was für ein Hin und Her! Ich bin jedenfalls froh, dass ich die Laune der Medienleute nicht ausbaden muss.

Polen ist katholisch und gelegentlich zieht eine Prozession ihres Weges

Christian und ich schwitzen derweil ebenfalls tüchtig auf unseren Rädern. Die Sonne lacht von einem milchig blauen Himmel, über den in lockerer Formation weiße Wolkengebilde schippern, die Temperaturen steigen auf über 30 Grad. Die Wärme macht mir wenig aus, ich liebe es, bei heißem, trockenem Wetter auf dem Rad zu sitzen. Heute allerdings spüre ich, dass der Zustand meiner entzündeten Schenkelinnenseiten sich deutlich verschlechtert hat. Erstmals brennen die offenen Stellen beim Fahren. Und als wolle er nicht, dass ich mit meinen Schmerzen allein bin, wirft Christian sich aus falsch verstandener Freundschaft auf den Boden und zieht sich dabei eine blutende Wunde am Arm zu. Wem ist das noch nicht passiert: Man bleibt abrupt stehen und kommt plötzlich nicht aus den Klicks. Ich kann nur hoffen, dass nicht viel mehr passiert und unsere strapazierten Körper weiter durchhalten.

Wir fahren jetzt auf der Storchenstraße Europas. Unzählige Störche begleiten uns über endlose Kilometer, fliegen parallel über die Felder und lenken von den Schmerzen ab. Polen ist hier wunderschön. Die Hügellandschaft des ehemaligen Ostpreußens bietet mit ihrer Mischung aus Wiesen, Wald und Seen viel Abwechslung, und auf den Straßen tanzen Licht und Schatten miteinander um die Wette. Später führt der Weg über dichte Baumalleen, die durch Weideland und ausgedehnte Kornfelder schneiden. Mir scheint es seltsam, dass Touristen dieses Idyll noch nicht entdeckt haben. Ich habe jedenfalls kein einziges Auto aus irgendeinem anderen europäischen Land gesehen.

Wir bekommen endlich wieder Hilfe durch Rückenwind und schaffen erstmals über 100 Kilometer hinweg eine Durchschnittsgeschwindigkeit von mehr als 40 km/h. Das

Wir sind zwar nur zu zweit, aber deutlich schneller unterwegs

Die Ersatzräder wurden nicht gebraucht, sie blieben auf dem Radträger

hilft natürlich bei der mit 344 Kilometern bislang längsten Tagesleistung. Trotzdem ist es nach 20 Uhr, als wir endlich den auserkorenen Lagerplatz südlich von Elblag erreichen. Das Lager steht schon. Auf einer Wiese mitten im Dorf – öfter mal was Neues. Mir soll es recht sein, ich will nur noch unter die Dusche. Kalt soll sie sein. Wer braucht bei den Temperaturen schon eine warme oder gar heiße Dusche?

Wir können den heutigen Tag in Ruhe ausklingen lassen, mit Brot und Käse und einer Runde Chili con Carne aus der Trekkingtüte. Glauben wir jedenfalls. Bis der gemütliche Abend durch den Überfall eines Mückenschwarms sein jähes Ende findet und alle in ihre Schlafdomizile flüchten. Beim Einschlafen kann ich noch hören, dass Christian die eine oder andere Stechmücke jagt. Mein letzter Gedanke aber ist: Heute war der bisher beste Tag auf dem Rad.

Auch wenn wir nicht so aussehen: Heute war der bislang beste Radtag

Wohl dem, der im leeren Mannschaftszelt schon mal eine Runde schlummern kann

Elblag – Mielno

321 Tageskilometer / 3821 Gesamtkilometer

ie Uhr zeigt halb sechs. Wir müssen zeitig aus den Federn, denn wir wollen Zeit gewinnen für ein Rendezvous in Gdansk. Dort erwartet uns heute einer unserer Freunde und Förderer, Lothar Clavey. Er hat sich nicht nur die Mühe gemacht, eigens nach Polen zu reisen um uns zu treffen, er hat auch gleich die ganze Bande zum Frühstück ins »Hotel Gdansk« eingeladen. Hoffentlich weiß er, was er sich da antut.

Ich habe schon bei früheren Gelegenheiten erlebt, wie es ist, wenn ein an Trekkingessen gewöhnter Schwarm Expeditions-Heuschrecken über ein Büffet herfällt. Der Gedanke an das Frühstück beflügelt jedenfalls nicht nur uns Radfahrer. Das gesamte Team ist heute Morgen verdächtig gut drauf. Dass wir uns auf eine Metropole zubewegen, bekommen wir schon bald zu spüren. Der Ballungsraum, den Gdansk, Gdynia und Sopot (die ehemaligen Städte Danzig, Gdingen und Zoppot) mit einem Einzugsgebiet von mehr als 1,2 Millionen Einwohnern bilden, sorgt dafür, dass wir uns durch dichten morgendlichen Berufsverkehr quälen müssen. Wir schaffen es trotzdem pünktlich zu unserer Verabredung zu kommen.

Das Hotel Gdansk liegt im Herzen der Stadt, direkt an der sogenannten Marine. Das Hauptgebäude befindet sich in einem ehemaligen Speicherhaus aus dem 17. Jahrhundert, und passend dazu reihen sich auf der anderen Seite des schmalen Kanals weitere Speicherhäuser aneinander. Ein Bild wie aus einer anderen Zeit. Und ja, auch Danzig war einst Mitglied der Hanse. Mir wird erst hier klar, dass diese Handelsorganisation, wenn auch unter anderen Vorzeichen, bereits einen europäischen Gedanken entwickelt hatte. Im 13. Und 14. Jahrhundert, auf dem Höhepunkt ihrer Macht, zogen rund 70 Städte und weitere 130 Partnergemeinden ein

Die technischen Probleme halten sich in engen, meist am Straßenrand lösbaren Grenzen

dichtes Netz an Handelswegen kreuz und quer über die Ost-see, das die Anrainerstaaten miteinander verband. Es gab verbindliche Regeln und Gesetze, die den Umgang mitein-ander und das Verhalten nach außen bestimmten. Und ist nicht auch die Europäische Union einst in erster Linie als Wirtschaftsraum entstanden?

Lothar Clavey erklärt uns, warum er in den Osten ging, als alle nach Westen wollten

Der Mann, den wir jetzt treffen, ist ebenfalls ein Mann der Wirtschaft. Ein Unternehmer, dessen Werdegang ihn mit unserer Expedition verbindet. Lothar Clavey hob vor 30 Jahren seine eigene Firma aus der Taufe. Heute betreut sie die Anlagentechnik in Werken des VW-Konzerns, darun-ter jenem im polnischen Poznan. Der Endfünfziger darf aber vor allem als Musterbeispiel dafür gelten, welche Chancen der Fall des Eisernen Vorhangs vor 25 Jahren bot. Oder wie er selbst es ausdrückt: »Als sich 1989 die Grenze öffnete, woll-ten alle nach Westen. Nur ich wollte in den Osten.« Lothar erkannte früh, dass Europa nun zusammenwachsen wür-de, und da wollte er dabei sein. Also engagierte er sich von Beginn an wirtschaftlich in der ehemaligen DDR und knüpfte geschäftliche Beziehung in den Osten Europas. Heute möch-te er sehen, wie eine Unternehmung wie die unsere in der Praxis funktioniert. Und er ist beeindruckt. Nicht nur wegen unseres Appetits, sondern auch wegen des offensichtlichen Zusammenhalts in unserem Team. Und ein bisschen Lob von außen wird uns ja wohl nicht schaden. Es kommt jedenfalls zum befürchteten Showdown am Büffet, aber keiner nimmt es uns übel. Ganz im Gegenteil, die Bedienung ist begeis-tert, dass es uns derart schmeckt. Am meisten aber freut sich Lothar, denn er weiß beim Bezahlen der Zeche wenigstens, das es sich diesmal richtig gelohnt hat.

Viel zu früh heißt es Abschied nehmen. Wir wollen noch zur ehemaligen Lenin-Werft, Keimzelle und Heimat der pol-nischen Gewerkschaft Solidarnosc, zu Deutsch Solidarität, die unter der Führung von Lech Walesa in den 1980er-Jahren so viel Vorarbeit für den Fall des Eisernen Vorhangs geleis-tet hat. Der spätere Präsident Polens ist im Übrigen auch Schirmherr des nördlichen Abschnitts des Europaradwegs 13 Iron Curtain Trail und so gesehen auch ein Schirmherr

Die Lenin-Werft in Danzig war Keim-zelle der Gewerk-schaft Solidarnosc

Und ewig singen die Halme – und der Staub der Kornfelder kitzelt in der Nase

unserer Expedition. Mittlerweile ist es still geworden in der einstigen Schiffsbauanlage, doch den Polen gilt der Ort als nationales Heiligtum. Davon zeugt auch das 40 Meter hoch in den Himmel ragende Denkmal für die getöteten Werftarbeiter von 1970. Es steht direkt vor den Toren der Werft, an denen die Bilder mit den Solidarnosc-Gewerkschaftern entstanden, die 1980 und 1981 um die Welt gingen. 1982 wurde die Solidarität verboten, arbeitete jedoch im Untergrund weiter und war ab 1989 maßgeblich am Prozess des Wandels in Polen beteiligt.

Nach dem Verlassen Gdansks folgen wir wieder der Küstenlinie der Ostsee. Teer wechselt mit grobem Kopfsteinpflaster, das uns mächtig durchrüttelt. Dann die Strafe für das allzu üppige Morgenmahl: Magenprobleme. Es dauert nicht lange und das wunderbare Frühstück liegt in einem Gebüsch. Auch ansonsten wird es ein schwerer Tag. Irgendwie sind wir aus dem Rhythmus geraten. Temperaturen von an die 35 Grad gefallen mir jetzt auch nicht mehr, es gibt kaum schattige Straßen. Christian und ich fangen uns trotz eifriger Schmiererei mit Sonnencreme die ersten Hautverbrennungen ein. Dann dreht auch noch der anfängliche Rückenwind seitlich ein. Nur die Stückzahl der Autos auf den Straßen, die bleibt gleich und gestaltet unseren Arbeitstag nicht gerade angenehmer. Auch der ersehnte Blick auf die offene See besitzt mal wieder Seltenheitswert. Den Versuch, näher ans Wasser zu kommen, brechen wir schnell wieder ab: Die Wege direkt am Küstensaum sind sandig, stellenweise mit Betonplatten verstärkt und mehr oder weniger durchgehend von den Autos badender Urlauber zugestellt. An ein einigermaßen schnelles Vorwärtskommen ist hier gar nicht zu denken, also Kommando zurück auf den heißen Teer. Damit bleibt uns erneut nur das Konzentrieren auf das eintönige Auf und Ab der eigenen Beine. Selbst die Pausen zum Akkuwechsel fallen kurz aus, weil das Stehenbleiben in dieser Hitze kaum auszuhalten ist.

Kopfsteinpflaster zählt nicht unbedingt zu unseren Favoriten

Am Nachmittag sorgt eine Vielzahl an Seen, die sich parallel zur Küste hinziehen, für Abwechslung. Und Orte wie Leba erinnern uns an unsere Mission, denn hier kann man zwischen den Dünen ein Raketenversuchsgelände besichtigen, das im Zweiten Weltkrieg für die deutsche Wehrmacht zur Erprobung von Fernraketen aufgebaut und später von Polen genutzt wurde. Dazu kommen immer wieder verlassene Militärgelände längs der Strecke. Mir geht nicht zum ersten Mal durch den Kopf: Wozu brauchen Menschen Militär? Kann es denn nicht ohne gehen? Gedanken, die viele Kilometer lang zu einem Dialog mit mir selbst führen.

Ich weiß nicht, wann mir erstmals ein ganz anderer Gedanke kommt: Wo bleibt der verdammte Lagerplatz? Christian und ich sind beide ziemlich platt, unsere Körper von der langen Zeit in der Hitze geschunden und mit einer feinen Schicht dieser nicht gerade parfümtauglichen Mischung aus Schweiß, Sonnencreme, Straßenstaub, Abgas-Ruß und Blütenstaub überzogen. Dann kommt der erlösende Anruf im Begleitfahrzeug an: Das Lager ist gesichert. Wir haben 321 Kilometer absolviert, als wir auf den Campingplatz bei Mielno rollen.

Schon wieder ein Campingplatz? Ja. Und das hat einen besonderen Grund. Schon am Morgen hatte das Team für den Abend um die Möglichkeit zum Fernsehen gebeten, weil alle gern das WM-Halbfinalspiel gegen Brasilien sehen würden. Wohl wissend, dass das Expeditions-Budget nicht allzu häufig kostenpflichtige Übernachtungen hergibt, hatte die Crew sogar angeboten, die Kosten dafür aus eigener Tasche zu übernehmen. Das nenne ich echten Teamgeist! Kann man dazu Nein sagen? Man kann. Ich sagte Nein zum Bezahlen durch die Teammitglieder und Ja zum Campingplatz – ich zahle.

Christian und ich haben aber erst einmal Wichtigeres als Fußball im Kopf. Wir tüten uns eine Portion Trekkingnudeln ein, schütten literweise Getränke in die ausgelaugten Körper. Dann geht es ab auf die Behandlungsbank, während der Rest des Teams in Richtung Campingplatz-Gaststätte zieht. Ich werde später nachkommen. Mein Gesäßmuskel wird gerade von Dietlinde behandelt, als die ersten lautstarken Gefühlsausbrüche über den Campingplatz schallen. Ich frage mich, ob die deutsche Mannschaft da mal wieder Chance

Von den zahlreichen kleinen polnischen Ostseehäfen bekommen wir auf den Rädern nur wenig mit

auf Chance versemmelt, oder ob schon wieder Manuel Neuer einen Rückstand verhindern musste. Als ich dann gegen Ende der ersten Halbzeit im Fernsehraum eintrudele, traue ich meinen Augen und Ohren nicht: Da sitzt meine Truppe zwischen lauter staunenden Polen, die auch nicht fassen können, was sie dort auf dem Bildschirm sehen. 5:0 für Deutschland? Wahnsinn! Ich bin zwar viel zu erschöpft für große Jubelsprünge, aber ein oder zwei kalte Bier dürfen es jetzt doch sein. Am Ende steht es 7:1, und als ich in den Federn liege, macht sich ein wohliges Gefühl breit: Da haben unsere Nationalkicker im fernen Brasilien zur Krönung eines für uns extrem langen und anstrengenden Tages noch einmal einen draufgesetzt, ganz so, als wollten sie uns belohnen.

Mielno – Born

341 Tageskilometer / 4162 Gesamtkilometer

Wir überlegen kurz, ob wir vielleicht das Fahrzeug wechseln sollten

Wie die Zeit vergeht. Ich rechne heute Morgen nach und komme auf den 13. Fahrtag. Aberglänisch bin ich nicht, aber rechnen kann ich: Wir haben nicht einmal die Hälfte der Strecke hinter uns. Doch schon jetzt werden die Tage schwerer, beginnt der Körper die Strapazen zu spüren. Heute werden wir die 4000-Kilometergrenze und damit auch die Grenze von Polen nach Deutschland passieren. Doch nach Schmerz kommt Stolz – also wird mit einem fröhlichen Lachen der wunde Hintern auf den Sattel gedrückt. Wir starten früh. 6:00 Uhr. Wir wollen am Jezioro-See noch drehen, an dessen Ufern der Iron Curtain Trail direkt entlang führt. Die Aufnahmen am frühen Morgen versprechen bestes Licht. Eine gute Stunde schenken wir Foto- und Filmteam, dann brechen wir auf zur heutigen Etappe.

Erstmals fahren wir wirklich auf Sichtweite zum Wasser – und zwar gleich durch eine Ferienregion nach der anderen. Restaurants und Bars, Diskotheken und Souvenirläden so weit der Blick reicht. Zugegebenermaßen tut diese Abwechslung aber gut, das Auge hat die ganze Zeit eine Aufgabe. Die Straße ist noch nicht stark befahren, wir hangeln uns von Ort zu Ort und kommen gut voran. Wir lassen Kolobrzeg, das frühere Kolberg, hinter uns. Die letzten Kilometer durch Polen führen mal wieder über Kopfsteinpflaster und Waldwege. Christian und ich stecken erneut derbe Schläge ein, treffen aber zur Belohnung wieder auf unser Versorgungsteam, das uns an vielen für Autos gesperrten Passagen nicht folgen darf und dann eigene Wege suchen muss. Um die Mittagszeit erreichen wir die Swina und setzen mit der Fähre nach Swinoujscie, das bis zur Westverschiebung Polens Swinesund hieß, über. Im Gegensatz zu den histo-

Das Fahren an der Küste bringt auch Wind mit sich – er kühlt, weht aber nicht immer günstig

rischen Auseinandersetzungen verläuft die moderne Art der Invasion aus dem benachbarten Deutschland friedlich und ist auf Seiten der polnischen Bevölkerung willkommen: Touristen und Schnäppchenjäger belagern die Straßen und viele Deutsche kommen regelmäßig auf einen kurzen Abstecher herüber, um günstig Alkohol und Zigaretten zu kaufen. Mit anderen Worten: Für wenig Geld wenig für die Gesundheit.

Mit dem Grenzübertritt direkt hinter Swinemünde erreichen wir auch das Ende des ersten Teils des Iron Curtain Trail. Und beinahe hätten wir es nicht einmal bemerkt, denn seit dem Beitritt Polens zum Schengener Abkommen im Jahre 2007 gibt es keine Grenzkontrollen mehr. Doch dann erkennen Christian und ich Deutschland wieder: Wir erspähen fast gleichzeitig die kleine Bude mit der Aufschrift »Currywurst«. Zwei Männer auf Rädern, vier Augen, ein verstehender Blick, ein stummes Nicken – und schon sitzen wir im Schatten eines Sonnenschirms, jeder mit zwei Currywürsten und einer eiskalten Apfelschorle vor sich. Das muss jetzt sein! Keine 30 Minuten später steigen wir wieder in die Sättel. Mit einem leicht geblähten Bauch zwar, doch was soll's? Wir fühlen uns sauwohl. Jetzt kann Deutschland kommen. Und Deutschland kommt.

Ich stelle mir diese Frage erst jetzt: Warum ist es so besonders, diese Route im eigenen Land zu fahren? Natürlich, Deutschland war über die gesamte Länge des Eisernen Vorhangs das einzige Land, die Deutschen das einzige Volk, das geteilt wurde. Zwar hatte der nach Ende des Zweiten Weltkriegs abgewählte britische Premier Winston Churchill bereits 1946 den Begriff des Eisernen Vorhangs kreiert, der sich langsam aber sicher über Europa senke. Doch erst drei Jahre später wurde diese Trennung mit der Bildung der Bundesrepublik Deutschland aus den drei westlichen Besatzungszonen und der Proklamation der Deutschen Demokratischen Republik in der ehemaligen sowjetischen Besatzungszone zementiert. Aus der Demarkationslinie wurden Staatsgrenzen und diese zur Trennlinie zwischen Ost und West. Im Laufe des Kalten Krieges wurde der Eiserne Vorhang immer undurchlässiger, auch und gerade in Deutsch-

Polen verabschiedet uns mit einem wild wachsenden Blumenstrauß

Gefolgt von der Überquerung des ehemaligen Swinesunds

land, mit dem Mauerbau 1961 sogar in Berlin. Nirgendwo wird deutlicher, wie verblendet und verfeindet sich zwei Weltsysteme gegenüberstanden, als in Deutschland.

Für Christian und mich kommt der persönliche Hintergrund hinzu. Christian ist 50 Jahre alt, ich 53. Meine Kindheit habe ich im Schatten des geteilten Dorfes Zicherie verbracht. Wir haben beide den Fall des Eisernen Vorhangs direkt vor unserer Wolfsburger Haustür und die folgende Wiedervereinigung hautnah erlebt. Mit anderen Worten: Wir sind in besonderem Maße geprägt durch Existenz und Fall des Eisernen Vorhangs. Vermutlich ist uns deshalb auch so deutlich klar, wie wichtig ein gemeinsames Verständnis für ein »Europäisches Haus« ist und welchen unsagbaren Vorteil uns eine solche Wertegemeinschaft bringt. Das, was heute noch an Relikten aus der Vergangenheit links und rechts des Europaradwegs Iron Curtain Trail zu sehen ist, erinnert die Völker an die Vergangenheit, es trennt sie aber nicht mehr. Ich glaube zudem, dass wir als Deutsche eine besondere

Zurück in Deutschland, im einzigen einstmals geteilten Land auf unserer Reise

Aufgabe darin haben, das Vergessen zu bekämpfen, um zu verhindern, dass sich derartiger menschlicher Irrsinn hier oder andernorts wiederholt. Und dieser Irrsinn lässt sich anhand erschütternder Zahlen verdeutlichen. Es gab während der deutsch-deutschen Teilung auf Seiten der DDR 220 000 Fluchtversuche. 75 000 Festnahmen. 34 000 Freikäufe. 1700 Todesopfer. 1500 Kilometer Grenze, inklusive Berlin. 1400 Kilometer Metallgitterzaun. 71 000 Selbstschussanlagen. 60 000 Mann für die Überwachung der Grenze.

Auf dem Rad hat man scheinbar alle Zeit der Welt, um solchen Gedanken nachzuhängen. Aber nur, wenn man vor sich hin bummelt. Wir müssen aber Gas geben. Vorbei an Ahlbeck, dann Heringsdorf und Bassin. Wir rauschen parallel zur Ostseeküste in Richtung Wolgast. Dort suchen wir unseren Weg ohne Begleitfahrzeug mitten durch Stadt – und entdecken eine Eisdiele. Wieder bedarf es keiner großen Worte, Christian und ich sind heute wie ein Leib und eine Seele, und schon stehen überdimensionale Eisbecher vor uns auf dem Tisch. Gut geeist geht es dann weiter. Wir befinden uns mitten im Naturpark Usedom und denken an unsere Testfahrt, die uns von Wolfsburg aus schon einmal ganz in die Nähe unserer heutigen Strecke geführt hatte. Jetzt folgen wir dem Lauf der Peene am westlichen Ufer nordwärts, die nächsten Zielorte heißen Kröslin und Freest.

In Greifswald müssen wir eine Zwangspause einlegen. Aus dem Basecamp in Wolfsburg sind schlechte Nachrichten eingetroffen. Der geplante Empfang in Istanbul am Ende der Expedition fällt ins Wasser. Einer der Hintergründe sind die aktuellen Vorkommnisse auf der Krim – nach Feiern ist den Türken als Anrainer des Schwarzen Meeres angesichts eines möglichen Konflikts mit Russland nicht zumute. Damit wird aber auch unser gesamtes Rückreise-Konzept hinfällig: Wir wollten von Istanbul aus zurückfliegen und die Fahrzeuge später überführen lassen. Für mich bedeutet das hier und jetzt, dass ich neu planen muss. Von wegen, ich fahre ja nur Rad!

Wir brauchen ganz schnell eine Alternative, denn die Befahrung des Eisernen Vorhangs soll am Ende nicht ein-

fach im Sande verlaufen. Ich entscheide mich für das Nahe-
liegende: Wir stoßen an der bulgarisch-türkischen Grenze
auf die Küste des Schwarzen Meeres – dann treten wir eben
von dort mit den Autos die Rückreise an und machen in Sofia
halt, um der Presse Rede und Antwort zu stehen. Die bul-
garische Hauptstadt liegt ohnehin auf dem Weg zurück gen
Heimat. Der neue Plan bedeutet allerdings für das gesamte Team eine Verlängerung um zwei Tage. Wir werden diese
Idee also noch am Abend in großer Runde besprechen und
abstimmen müssen.

Nach ein paar Telefonaten mit Sandra geht es weiter. Da
wir nicht mehr in unmittelbarer Meeresnähe fahren, konzentrieren wir uns wieder voll auf die Kurbelumdrehungen
und versuchen geschickt aus dem herrschenden Seitenwind
einen einigermaßen brauchbaren Schiebewind zu machen.
Nun ja, mal mit weniger, mal mit mehr Geschick. So rollen wir an Stralsund vorbei. Die Temperaturen und das ebene Gelände zeigen jetzt energietechnisch deutlich Wirkung.
Zwischenzeitlich halten unsere Akkus bis zu 75 Kilometer
weit und entsprechend verschieben sich unsere Pausen. Die
Arbeit des heutigen Tages zeigt am Nachmittag trotzdem
deutliche Spuren. Wir haben wohl, abgelenkt durch Wurst
und Eis, unseren Kohlenhydrathaushalt vernachlässigt und
fallen in ein Hungerloch. Dagegen helfen nur Sonderratio-
nen mit lauwarmen Gels, die nur schwer die Kehle hinunter
wollen. Aber es hilft nichts, wir können uns keine großen
Pausen mehr leisten.

So suchen wir unseren Weg zwischen den einzelnen Bod-
den, kratzen den Ortsrand von Zingst an, durchfahren Pre-
row und erreichen dann den Darß. Dieser dicht bewaldete
Teil der großen vorpommerschen Halbinsel lebt in erster
Linie vom Tourismus, und vermutlich liegt es genau daran,
dass es Manfred heute nicht gelingt, ein privates Gelände für
unser Lager zu organisieren. Er hat Polizei und Verwaltung
bemüht, unzählige Gespräche geführt, mit Sicherheit auch
den ganzen, ihm eigenen Charme versprüht – und wurde am Ende doch mit scharfen Worten auf einen Campingplatz verwiesen. »Gastfreundschaft oder Offenheit gegen-

Auch eine mögliche Art der Fortbewegung im »Shopping-Center« Grenzgebiet

über unserem Projekt? Fehlanzeige!«, konstatiert er sichtbar geknickt in der abendlichen Runde. So sind wir im »Regenbogen-Camp« bei Born gelandet, und an das hatte wenigstens Kameramann Max schöne Erinnerungen: In DDR-Zeiten verbrachte er als Kind oft die Ferien auf diesem Platz. Uns anderen im Team beschert dieser Ort aber auch eine angenehme Überraschung: Parkt dort am Eck doch ein Imbisswagen und auf dem Schild steht eindeutig »geöffnet«. Ja, wenn es das Schicksal so will. Ich bin mir sehr sicher, dass nach unserem Einfall die hervorragend schmeckenden Nudeln mit Gulasch komplett ausverkauft waren. Ich verdrücke auf jeden Fall zwei dicke Portionen und habe irgendwie das untrügliche Gefühl, dass wir heute schwer gesündigt haben gegen die uns selbst auferlegte und auf Dauer auch notwendige Expeditions-Diät.

Man möge uns verzeihen. Wir sind schließlich wieder in Deutschland angekommen. Im Guten wie im weniger Guten. Schon am ersten Tag in der Heimat sind uns nämlich auch die weniger rühmlichen Seiten aufgefallen. Beispiel

Straßenverkehr: Vorbei die Rücksichtnahme gegenüber uns Radfahrern, wie wir sie von den Autofahrern in Norwegen und Finnland, den baltischen Staaten und in Polen erfahren haben. Jetzt wird wieder mit hauchdünnem Abstand überholt, knapp vor unserer Nase eingeschert, demonstrativ Gas gegeben, sich mächtig über die beiden Räder und ihr Begleitfahrzeug aufgeregt – klar, ein bei Gegenverkehr vielleicht notwendiges Verzögern des Überholvorgangs kostet die Herrschaften am Steuer bestimmt 15 Sekunden ihrer wertvollen Zeit. Und die verplempert man dann doch lieber mit Aufregen. Oh je!

Für das Medienteam ein wichtiges Thema: Internet zum Versenden von Texten, Bildern und Filmclips. Das war bislang noch nie ein Problem, nicht mal im finnischen Lappland, mitten im Irgendwo, wo der Tankwart meine Leute sogar in seinem Büro direkt an den Router ließ. In Deutschland dagegen gibt es fast nirgendwo freien Netzzugang – sogar der Campingplatz verlangt zwei Euro die Stunde für den Anschluss und schaltet obendrein zwischen 18 und 8 Uhr das Netz gleich ganz ab. Entwicklungsland Deutschland?!

DONNERSTAG, 10. JULI 2014:

Born – Neu-Darchau

352 Tageskilometer / 4514 Gesamtkilometer

Wir stehen im Grenzturm-Museum Kühlungsborn fassungslos vor einem Schlauchboot, mit dem einst ein Fluchtversuch unternommen wurde

Schmeckt mir mein Frühstück eigentlich noch? Ich bemerke heute Morgen, dass ich es wie ein Roboter in mich hineinschaufele und die Getränke achtlos in den Schlund gieße. Es schleift sich so ein. Es geht hier ja nicht darum, etwas zu genießen. Es geht mittlerweile nur noch darum, den Tag so zu gestalten, dass möglichst alle Abläufe zur Erweiterung der Ruhephasen optimiert werden. Hatten wir anfangs noch jede Handlung schön der Reihe nach absolviert, so greifen jetzt alle Stränge ineinander. Es wird noch im Liegen gegessen, beim Ankleiden getrunken und gleichzeitig die letzte Besprechung durchgeführt. Und

Das sind nicht etwa unsere Räder! Aber die Körbchen wären vielleicht nicht schlecht

während Christian und ich uns vor dem Auto noch eincremen, steht die Begleitcrew schon mit den Rädern zum Start bereit. Zwischen wecken und losfahren vergeht jetzt manchmal weniger als eine halbe Stunde.

Ein erstes optisches Highlight bietet schon am frühen Morgen die Künstlerkolonie Ahrenshoop. Uns müssen die Blicke aus dem Sattel genügen, wir haben heute über 350 Kilometer auf dem Programm. So eilen wir weiter, nehmen die Fähre in Warnemünde und erreichen recht schnell Heiligendamm, die »weiße Stadt am Meer«, die durch den G8-Gipfel von 2007 internationale Berühmtheit erlangte. Erstes Ziel für heute ist aber das Ostseebad Kühlungsborn. Hier haben wir eine Pause vorgesehen. Es ist später Vormittag, als wir den ehemaligen DDR-Wachturm erreichen, den wir als stummen Zeugen aus der Zeit des Eisernen Vorhangs besichtigen wollen. Wir haben jedoch Glück, denn für uns bleibt der Turm nicht stumm. Wir treffen Matthias Furter an, der dem Turm eine Stimme gibt. Der 57-Jährige bezeichnet sich selbst als »zweiter Türmer«, er ist der Mann vor Ort am kleinen, aber feinen und vor allem informativen Grenzturm-Museum. Das 1970 errichtete und 14 Meter hohe Bauwerk ist einer der beiden letzten Überlebenden aus eine ganzen Kette von Beobachtungstürmen, die bis vor 25 Jahren die gesamte Ostseeküste der DDR abdeckten. Von hier hielten die Grenzsoldaten Ausschau nach Flüchtlingen, die sich über das Meer gen Westen wagten. 5609 Menschen versuchten auf diese Weise zu fliehen, kaum mehr als 900 erreichten ihr Ziel. 180 Männer und Frauen aber kamen ums Leben, die meisten von ihnen wurden von den Grenzwächtern erschossen. So ein schöner Flecken Erde mit weißem Sandstrand und blinkendem Meer – und so ein menschengemachter Wahnsinn! Matthias Furter weiß auch, dass der Turm heute sehr polarisiert. Viele ehemalige DDR-Bürger würden ihn am liebsten abreißen lassen – die meisten, weil er böse Erinnerungen weckt, andere wegen eines schlechten Gewissens. Ihm aber ist es wichtig, dass auch die junge Generation, die sich dort am Strand amüsiert, gelegentlich daran erinnert wird, dass Freiheit keine Selbstverständlichkeit ist.

Der Wachturm im heutigen Badeort Kühlungsborn weckt böse Erinnerungen

Als wir High-Noon wieder aufbrechen, hat das Thermometer längst die 30er-Marke überschritten. Auch wenn wir mit ein paar Grad weniger zufrieden gewesen wären, so wollen wir uns nicht beschweren. Wir stellen nämlich fest, dass wir seit Betreten der Baltischen Staaten enormes Glück mit dem Wetter hatten. Jeden Tag Sonne, fast jeden Tag über 30 Grad – und fast jeden Tag Gewitterwarnungen rund um uns herum. Mal setzte es schwere Gewitter und starke Regenfälle vor uns, mal hinter uns, aber niemals über uns. Da passt doch jemand auf uns auf, oder es sind in der Heimat so viele Daumen für das Gelingen dieser Tour gedrückt, dass das Glück auf diesem Weg zu uns kommt.

Die Zeit zum lesen sollte man sich nehmen: Im Grenzhus-Museum von Schlagsdorf wird der perfide Grenzaufbau erklärt

Man kann sich in diese Ecke Deutschlands ohne weiteres verlieben. Viele historische Bauten sind restauriert, Alleen und Parkanlagen gepflegt, Straßen funkelnagelneu hergerichtet. Offensichtlich sind hier Investitionen in die richtige Richtung gegangen. Es macht riesigen Spaß, hier mit dem Fahrrad unterwegs zu sein. Wir sehen schon in der Vorbeifahrt mehr, als man am Abend verarbeiten kann. Dazu kommen die Geschichten und Berichte der anderen Teams in unserem Orbit, ihre Begegnungen und Erlebnisse. Ich stelle fest, dass ich ganz still und leise doch in meinem Projekt angekommen bin. Ich habe es endlich geschafft, mich fallen zu lassen, in Gänze zu erfassen, auf was wir uns eingelassen haben und welchen Schatz wir gerade heben. Ich bin zufrieden.

So erreichen wir Wismar und steuern auf das Ende der ehemaligen Seegrenze zwischen Bundesrepublik und DDR zu. Südöstlich von Travemünde, eingangs der Halbinsel Priwall, endete das Staatsgebiet der DDR, dort begann die bundesdeutsche Küste. Zwischen den Gemeinden Priwall in Schleswig-Holstein und Rothenhusen in Mecklenburg-Vorpommern steht ein mächtiger Felsklotz mit beiden Landeswappen und der Inschrift »Nie wieder geteilt!« Er ist Erinnerung und Gelöbnis zugleich. Sonst erinnert hier nichts mehr daran, dass hier die deutsch-deutsche Grenze an die Ostsee stieß.

Dieser Grenzzaun ist gottlob ein Museumsstück auf dem Freilichtgelände von Schlagsdorf

Wir biegen jetzt ab ins Landesinnere, auf den Spuren des einstigen innerdeutschen Grenzverlaufs zu Lande, fol-

Sperranlagensystem im Grenzgebiet Utecht Barrier installations in the Utecht border region

Quelle: BStU, Ast. Schwerin, MfS KD Gadebusch Nr. 11339, Bl. 4.

Der Grenzzaun I war das letzte Sperr-element, das eine Flucht in den Westen verhindern sollte. Er wurde abhängig von den regionalen Besonderheiten parallel zum Grenzsignal- und Sperrzaun in einem Abstand von wenigen Metern bis 2 km ab Mitte der 1970er Jahre aufgebaut. Der Grenzzaun I bestand aus drei über-einander montierten Streckmetallplatten (je 1 m x 3 m), die an Betonpfählen ange-bracht waren.

Alle Verschraubungselemente befanden sich auf der westlichen Seite des Zaunes. Die scharfkantigen Rauten waren so eng, dass man nicht mit den Fingern hinein-greifen konnte, ohne sich zu verletzen. Um ein Unterkriechen des Zaunes zu ver-hindern, ließ man Wabengitterplatten in den Boden ein.

Border Fence I was the last barrier element installed to prevent escapes to the West. From the mid-1970s it was erected in parallel to, and, depending on local partic-ularities, at a distance of from a few me-ters up to 2 km from the alarmed barrier fence. Border Fence I consisted of three rows of sheets of expanded metal mesh (1 m x 3 m each) fixed to concrete posts.

All fixings faced the western side of the fence. The sharp-edged, diamond-shaped mesh was too fine to insert a finger with-out injury. Honeycombed grid sheets were set into the ground to prevent anyone from crawling underneath the fence.

GRENZZAUN I
BORDER FENCE I

gen grob gesehen dem Lauf der Elbe, und wann immer ein Blick auf sie möglich ist, schwimmen meine Gedanken auf ihr davon. Wir sind müde und ausgelaugt. Freuen uns heute ganz besonders auf den Abend, auch wenn wir das Signal bekommen haben, dass es wohl erneut ein Campingplatz werden wird. Doch bei aller Erschöpfung: Im Ort Schlagsdorf nördlich von Ratzeburg halten wir am Museum »Grenzhus«. Ein Pflichttermin, weil hier der ganze Irrsinn des Kalten Krieges anschaulich gemacht wird. Das etwas abseits gelegene Freigelände demonstriert mit Originalbeständen aus DDR-Grenzbefestigungen den typischen Aufbau des ehemaligen Todesstreifens: Stahlzaun, Selbstschussanlage, Graben, Kiesbett, der Fahrweg, die Führungseinrichtung für Patrouillenhunde und dahinter, über der gesamten Anlage thronend, der obligatorische Wachturm. Die Stille und Nüchternheit des Geländes erlauben eine ungestörte Nachdenklichkeit. So viele Menschen, die an dieser Grenze sterben mussten – so etwas darf es nie wieder geben!

In Gedanken versunken steige ich wieder aufs Rad. Das Lager ist mittlerweile in Neu-Darchau errichtet. Das sind noch einmal 50 Kilometer. Sie verlaufen schweigend, mit starrem Blick auf das eigene Vorderrad oder das Hinterrad des Vordermanns. Weder Christian noch ich haben Lust zu reden, wir fressen die letzten Kilometer Teer in uns hinein. Auch wenn wir erneut keine private Gastfreundschaft erfahren haben, so lockt doch die Dusche der Camper-Wiese, direkt an den Ufern der Elbe gelegen.

Nachdem wir den Schmutz des Tages vom Körper gespült haben, serviert Dietlinde unser Lieblingsmahl: Spaghetti Bolognese. Der Anlass: Es heißt Abschied nehmen von Didi. Mein treuer Navigator wird noch heute Abend mit einem der Medien-Caddys nach Wolfsburg fahren. Der Wagen hat vor ein paar Tagen einen heftigen Steinschlag-Treffer abbekommen, jetzt reißt die Frontscheibe immer weiter ein – kein Zustand, den man sich auf den Rüttelpisten des Balkans wünscht. Morgen soll im Autohaus Wolfsburg im Eilverfahren die Scheibe gewechselt werden. Außerdem trägt der Caddy auf dem Heckträger die beiden Bikes, mit

Stacheldraht und Wachturm: Symbole der Trennung im Grenzhus-Museum

denen Christian und ich bisher unterwegs waren. Sie werden jetzt einer Inspektion im E-Bike-Store durch Jan Kapahnke unterzogen. Wir steigen derweil auf die bisherigen Ersatzräder um. Morgen Nachmittag wird sich dann Riccardo als Nachfolger Didis mit repariertem Caddy und frisch gemachten Bikes unserer Karawane anschließen.

Ich verspüre eine sonderbare Wehmut, als Didi zu seiner langen Nachtfahrt aufbricht, lasse dann den Tag Revue passieren. Wir haben viel gesehen und gehört. Sind zweimal willentlich von überholenden Autofahrern mit Schmalspurgewinde im Oberstübchen beinahe über den Haufen gefahren worden. Es lebt sich gefährlich als Radfahrer auf deutschen Straßen. Und über all dem haben Christian und ich noch nicht einmal bemerkt, dass wir unser Bergfest verpasst haben: Gut 4500 Kilometer liegen hinter uns, die Hälfte der Gesamtdistanz – kaum zu glauben! Falls ich je daran gezweifelt habe, so bin ich jetzt überzeugt, dass wir auch den Rest der Strecke bewältigen können. Ich gehe noch ein paar Schritte, betrachte dieses idyllische Fleckchen Erde, und als die Sonne untergeht und Fluss und Uferlandschaft in ihren rötlichen Glanz taucht, da bin ich mit mir und der Welt im Reinen.

Neu-Darchau – Ilsenburg

314 Tageskilometer / 4828 Gesamtkilometer

Die Überquerung der Elbe, die hier einst Grenzfluss war

Es wird ein anstrengender Tag. Das geht damit los, dass heute ein Fahrzeug fehlt. In Ermangelung des eigenen fahrbaren Untersatzes wechseln Foto-Joachim und Matthias zu Willy in die chaotische Enge des Begleitfahrzeugs. Was weder die beiden selbst, noch das Filmteam davon abhält, die Geduld von Christian und mir heute vor schwere Prüfungen zu stellen. Wir wissen, dass wir wieder Kilometer machen müssen. Und dann werden wir am laufenden Meter eingebremst. Nachdem wir mit der Fähre über die Elbe gesetzt haben, folgen wir dem Flussverlauf bis zur Eisenbahnbrücke von Dömitz, der die Sowjets seinerzeit einfach ihr östliches Ende weggesprengt hatten, angeblich um Ruhe vor westlicher Einmischung zu haben – man dreht sich die Wahrheit eben immer hin, wie es einem passt. Klar ist: Hier muss fotografiert und gefilmt werden. Wir stehen also still.

Als es weitergeht befinden uns im Biosphären-Reservat Flusslandschaft Elbe, können bei erneut heißen Temperaturen die wunderbare Natur aber nur im Vorbeifliegen erfassen. So erreichen wir Gorleben, jenen beschaulichen Ort mit den idyllisch gelegenen Gehöften und laubholzbestandenen Hainen in friedlicher Wiesen- und Weidelandschaft, den irgendjemand seinerzeit wegen der angeblich so sicheren Salzstöcke unter der Scholle zum Atommüll-Lager auserkoren hat. Seither muss Gorleben als Streitobjekt zwischen Befürwortern (die soll es wirklich geben) und Gegnern (die gibt es tatsächlich) herhalten. Klar, hier muss dokumentiert werden. Und wieder stehen wir still.

Eine Mahnung an alle Verkehrsteilnehmer, die wir ernst nehmen wollen

Zudem sorgen fremde Medien für Unruhe. Die regionale Tageszeitung »Volksstimme« hat Interesse an einem Interview angemeldet und irgendwo an der Strecke einen Jour-

nalisten postiert. Trotz mehrerer Telefonate treffen wir aber
nie mit dem Kollegen zusammen, fahren im wirren Zick-
zack-Kurs durch die Altmark und dabei vermutlich mehrfach
aneinander vorbei. Knapp daneben ist eben auch vorbei. Das
Ganze endet damit, dass wir ein paar Fotos von Ortsdurchfahrten an die Redaktion verschicken und ein Telefon-Inter-
view geführt wird.

Auch der Wind kann sich heute nicht so recht entscheiden, mal meint er es gut und pustet uns ordentlich schie-
bend in den Rücken, dann kommt er so unglücklich von der
Seite, dass wir in der brütenden Hitze hart arbeiten müssen.
Ansonsten hält unser Wetterglück an. Wir sehen umgestürz-
te Bäume, bergeweise abgerissene Äste und zerzaustes Laub,
riesige Wasserlachen, Sand- und Schlammberge – hier muss
gestern der Weltuntergang getobt haben. Und wir haben mal
wieder nichts davon abbekommen.

Wir stellen trotz des ganzen Wirrwarrs fest, dass wir in
Deutschland wesentlich mehr Spuren des Eisernen Vorhanges finden als in den anderen bisher durchfahrenen Ländern. Wir passieren verlassene Kasernen der ehemaligen
DDR-Grenztruppen, Wachtürme stehen in Darchau und
Lenzen, nach der erneuten Elbquerung folgt das Grenzland-
museum in Schnakenburg. Und die Gedenkstätte Stresow.
Dort hat man, wie an anderen Stellen in Deutschland auch,
seinerzeit die Einwohner des Ortes zwangsausgesiedelt und
anschließend alles dem Erdboden gleich gemacht. Da ist er
wieder, einer dieser Momente, in denen man auf seinem Sattel versunken innehält.

Später passieren wir das Vierländereck bei Ziemendorf,
wo Sachsen-Anhalt, Mecklenburg-Vorpommern, Branden-
burg und Niedersachsen aufeinander treffen, und fahren auf
Sichtweite zum Arendsee. Die Route führt abwechselnd auf
Radwegen und Straßen, und man weiß oft nicht, ob man
sich nun auf der ehemaligen Ost- oder Westseite befindet. In
Salzwedel gönnen Christian und ich uns in Windeseile einen
Kaffee und eine Streuselschnecke, diese kleinen Belohnun-
gen müssen sein. In Brome gibt es dafür nur Squeezy und
ein Käsebrötchen.

Hier waren Deutschland und
Europa bis zum 18. November 1989
um 6 Uhr geteilt.

Auf Schilder dieser Art stoßen wir in Deutschland immer wieder

Wir fahren jetzt auf Strecken in Richtung Heimat, die wir von unseren Trainingsfahrten her kennen. Es sind aber auch die Spuren meiner Jugend, denen ich hier folge. Seit Beginn der Expedition denke ich immer wieder an diese Zeit zurück. Ich war wohl etwa zwölf Jahre alt, als ich mit mutigeren Freunden Fahrradausflüge an »die Grenze« machte. Kaiserwinkel und Zicherie, das geteilte Dorf, waren die Abenteuerorte, die wir besuchten. Hier konnte man »den anderen Deutschen« ins Auge schauen. In Kaiserwinkel bog die Straße ab. Mitten auf ihrem eigentlichen Verlauf stand ein Grenzturm, auf dem die Soldaten, wann immer wir dort auftauchten, ihre Fotoapparate zückten. Warum waren wir so interessant? Die Menschen dort schienen zum Anfassen nah, aber der Gedenkstein für den erschossenen Dortmunder Journalisten Kurt Lichtenstein, auf dem der einprägsame Satz »Ein Deutscher, von Deutschen erschossen!« prangt, mahnte uns, nicht zu weit zu gehen. Wir fanden uns schon unglaublich mutig, wenn wir nur ein paar Schritte hinter die

erste auf westdeutscher Seite errichtete Absperrbarke wagten. Und jetzt war ich vom Polarmeer bis genau an diese Stelle gefahren. Hatte fast 5000 Kilometer Erleben, Erfahren, Lernen hinter mir.

Die eigenen Medien-Jungs reißen mich wieder aus meinen Gedanken. Sie wissen eben, dass ich im Grunde keine Chance habe, mich gegen sie zu wehren. Sie wissen allerdings auch, was sie tun. So wie jetzt. Sie haben dafür gesorgt, dass uns Familie Schrader in Oebisfelde erwartet. Und dieser Besuch ist Gold wert, passt die Geschichte der Schraders doch in unser Expeditions-Konzept wie die Faust aufs Auge. Schraders sind ein Phänomen. Sie haben das Kunststück fertig gebracht, ihren Familienbetrieb durch fünf historische Epochen hindurch zu retten. Als Carl Schrader 1904 seine Maschinen- und Bauschlosserei gründete, regierte in Deutschland noch der Kaiser. Der Betrieb überlebte auch die folgenden Wirren der Weimarer Republik und die Nazizeit. Sohn Wilhelm führte die Geschäfte noch bis 1941, dann

Panzersperren, Wachturm und wir genau dazwischen – die ehemaligen Grenzanlagen von Hötensleben

wurde er zur Wehrmacht eingezogen und kam in Kriegsge-
fangenschaft ums Leben. Bis 1957 übernahm noch einmal
das greise Familienoberhaupt die Geschäftsführung, ehe
sein Enkel, ebenfalls ein Wilhelm, an die Reihe kam. Mittlerweile regierte die SED im Land, denn Oebisfelde lag auf
der östlichen Seite der innerdeutschen Komplikationen –
die Grenze verlief gerade mal 400 Meter von den Schraders
entfernt, sie lebten mithin im Sperrgebiet. Und Wilhelm II
weiß sehr lebendig von den Zuständen im Grenzbereich zu
erzählen. Selbst die engste Verwandtschaft benötigte Pas-
sierscheine für einen Besuch. Schulfreunde mal eben zur
Party einladen? Vergiss es.

Dann die ständigen Schikanen der staatlichen Behörden, weil bekanntlich Betriebe in privater Hand zwar not-
gedrungen erlaubt, aber eben mit Argusaugen beargwöhnt
wurden. Ersteres weil nur sie effektive Arbeit ablieferten,
Letzteres weil Privatwirtschaftler irgendwie ja trotzdem als
Klassenfeinde galten. Seit der Jahrtausendwende leitet nun
Eike Schrader die Geschäfte, und er erinnert sich nur zu gut
daran, wie belastend er diese Zustände als Kind empfand.
Dann kam die Wiedervereinigung und mit ihr neue Risiken
und Vorurteile: Können die im Osten das überhaupt? Aber es
eröffneten sich auch neue Chancen. »Eine spannende Zeit an
der Nahtstelle zwischen Ost und West«, so nennt Eike Schrader die 1990er-Jahre. Heute ist sein Zwölf-Mann-Betrieb ein
modernes Heizungsbau-Unternehmen, das auf regenerative
Energiequellen setzt. Ein gelungenes Stück deutscher Wirt-
schaftsgeschichte, und ich gebe zu, dass mich die Erzählungen der Schrader-Familie ziemlich fesseln. Der Nachteil des
Ganzen: Es wird interviewt, fotografiert und gefilmt – mit
dem Ergebnis? Genau, der Tross steht sehr lange still.

Damit nicht genug. Wir werden weiter gehetzt, nach Marienborn, zur alten DDR-Grenzstation, deren verlassene Hal-
len ebenso trostlos wie gespenstisch wirken. Christian und
ich haben uns extrem ins Zeug gelegt, um pünktlich anzukommen. Doch wo sind die anderen? Mit einer gewissen
Häme registrieren wir, dass ein Teil unserer Autofahrer noch
rätselt, wie man angesichts einer Baustelle ohne Fahrrad

hier überhaupt hinkommt. Auf bekannten Umwegen und unvermuteten Nebenwegen finden sich dann doch alle ein, Begleitfahrzeug und beide Medienautos. Tja Jungs, Radfahrer muss man sein!

Wieder stehe ich in Gedanken mit 19 Jahren und meinem bunten Käfer an diesem Ort, um in das damals schon so verlockende Berlin zu fahren. Das war 1979/80. So lange her, und noch immer löst dieser Ort Beklemmungen aus. Schon 1949 hatte die sowjetische Militärverwaltung den Kontrollpunkt Marienborn ausbauen lassen, denn die Transitstrecke Hannover – Berlin war die wichtigste Verbindung zwischen Westdeutschland und dem isolierten Westberlin. Die heute noch existierende Anlage wurde aber erst 1972 gebaut und galt als der größte Kontroll- und Passierpunkt zwischen Ost und West. Am 1. Juli 1990 wurden die Grenzkontrollen eingestellt, seit 1996 ist das einstige Schlupfloch zwischen Ost und West die »Gedenkstätte Deutsche Teilung Marienborn«.

Ich bin noch ganz in Gedanken versunken, als es hinter mir kracht. Christian hat gerade seinen zweiten »Ich-komme-nicht-aus-den-Klickpedalen-Stunt« absolviert. Und diesmal ist er nur um Haaresbreite neben der scharfen Kante eines hohen Bordsteins aufgeschlagen – das hätte böse ausgehen können. Mir fährt der Schreck durch alle Glieder: Mensch, Christian! Doch dann die Erleichterung: Wer so fluchen kann, dem ist nichts Ernsthaftes passiert. Mein Partner klopft sich den Staub von der Hose und gut ist's.

Keine 15 Kilometer entfernt ist in Hötensleben ein im Original erhaltener Grenzabschnitt zu besuchen. Mit Drahtzaun, Betonmauer, Graben, Wachturm und allem Drum und Dran – ein Muss für eine Expedition wie die unsere. Als wir dort ankommen, denke ich an unseren ersten Fotoausflug für dieses Expeditions-Projekt zurück. Die ersten Aufnahmen für unser Konzept waren genau hier entstanden – ist das wirklich erst ein knappes Jahr her?

Jetzt aber haben wir schon wieder Zeit verloren. Es geht in Richtung Harz. Alle Wege sind jetzt Heimat. Es macht richtig Laune, die letzten Kilometer des Tages zu absolvieren, und der Wind schiebt freudig mit. So erreichen wir schließlich Ilsenburg. Kaputt, aber glücklich werden wir von unseren Rädern erlöst. Irgendwie haben wir es trotz der vielen Stopps geschafft, uns 314 Kilometer aus den Beinen zu strampeln. Das Lagerteam hat im Ilsetal das Camp auf einem Stellplatz für Wohnmobile errichtet, den die Betreiberin Ingrid Güttner uns kostenfrei in Beschlag nehmen lässt, nachdem sie gehört hat, womit wir uns derzeit beschäftigen. Mein Freund Frank Doepelheuer dagegen weiß schon lange Bescheid über unser Tun und erwartet uns in seinem nahe gelegenen »Waldhotel am Ilsestein«. Dort empfängt uns auch Silke Niemzok, die Stellvertretende Bürgermeisterin von Ilsenburg. Die passionierte Radfahrerin überreicht mir ein Exemplar des Buches »Der Eiserne Vorhang im Harz«. Das passt. Und dann sitzt die gesamte Mannschaft zusammen. Ein kühles Pils schlürfen und ein großes Steak dazu. Das haben wir verdient.

Den Tag beschließen dann ein paar Wiedervereinigungen. Foto-Joachim und Matthias begegnen ihrem Caddy wieder, ausgerüstet mit einer funkelnagelneuen Windschutzscheibe. Zudem begrüßt das Team Riccardo, den Nachfolger von Didi, der mit der Ablieferung des Medien-Wagens in die Expedition einsteigt. Für ihn beginnt damit das große Abenteuer, denn er hat im Gegensatz zu den meisten anderen in der Mannschaft noch nie eine Expedition begleitet. Und schließlich bekommen wir Besuch von Christians Ehefrau Verena. Sie hat die kleine Amelie mitgebracht, und das Töchterchen hat eigenhändig Muffins gebacken – elf Stück, einen für jeden, mit Gummibärchen oben drauf!

Als ich endlich im Alkoven liege, bin ich nicht nur mit dem heutigen Tag zufrieden. Ich freue mich sogar auf die nächsten Tage. Wir verlassen jetzt den eigentlichen Weg des Eisernen Vorhanges, um eine zweitägige Rundtour durch unsere Heimat zu absolvieren. Ein kleines Dankeschön an all jene Menschen der Region, die unser Projekt unterstützt haben.

Tag eins in der Region

144 Tageskilometer / 4972 Gesamtkilometer

I n zwei Tagen nur 300 Kilometer Strecke – ha, da macht das Aufstehen doch Spaß! Es ist fast ein Gefühl, als wären die beiden kommenden Tage so etwas wie Ruhetage. Aber nach dem morgendlichen Team-Meeting sieht die Sache schon wieder ganz anders aus. Wir haben zeitgenau Verabredungen zu erreichen, Empfänge durch Politik, Wirtschaft und Partner sowie Pressekonferenzen stehen an. Wir haben die Orte nicht von ungefähr ausgewählt, sondern unter Bezug auf den Begriff »Allianz für die Region«. Dahinter verbirgt sich ein Zusammenschluss von Initiativen, Projekten und Netzwerken, der seit 2013 in der Region Wolfsburg-Braunschweig Akzente setzt. Hier schaffen Kräfte aus Wissenschaft, Verwaltung, Politik und Wirtschaft die Voraussetzungen für eine attraktive und lebenswerte Region. Zu den Handlungsfeldern gehören die Themen Bildung, Gesundheit, Energie, Umwelt, Automobilforschung und Verkehr sowie Wirtschaftsförderung. Zu diesem Verbund zählen die Städte Wolfsburg, Braunschweig, Salzgitter, Helmstedt, Wolfenbüttel, Peine, Gifhorn und Goslar. Gemeinsam mit unserem Hauptpartner, der Wolfsburg AG, die zu den wichtigsten Initiatoren dieser zukunftsorientierten Idee gehört, haben wir uns entschlossen, diese Regionsstädte in unsere Expedition einzubinden. Für mich und Christian ist das in vielfacher Hinsicht ein Heimspiel, denn als Radsportler hat man zwar einen Geburtsort, fühlt sich aufgrund des auf dem Rad doch recht großen Aktionsradius aber eher als Kind der Region. Jede Straße, jeden Kilometer der nächsten beiden Tage kennen wir in- und auswendig.

Wir beginnen mit dem nächstgelegenen Ziel: Goslar. Wieder machen wir gemeinsame Sache mit dem Thema E-Mobilität. Vom Autohaus Nordstadt erhalten wir nämlich

Ein freundlicher Empfang durch Bürgermeister Wittich Schobert am Marktplatz von Helmstedt

Und da sage noch einer, die Jugend sei an sportlicher Leistung nicht interessiert

zwei VW e-Up, die uns heute und morgen begleiten werden. Sandra und Michael Cramer stoßen zu uns, und schon geht es gemeinsam zur Kaiserpfalz. Bürgermeister Axel Siebe empfängt uns im Kaisersaal und die Grünen-Politikerin Grote Bichoel übergibt uns für die Nächte auf unserem weiteren Weg einen Satz Taschenlampen, die ihren Strom aus Sonnenergie beziehen – keine schlechte Idee! Anschließend wieder auf die Räder und in die Pedale getreten, zur nächsten Station, dem Rathaus in Salzgitter. Danach zum Rathaus in Helmstedt. Jedes Mal treffen wir Bürgermeister, Unterstützer der Expedition und Pressevertreter. Dazwischen kommt es noch zu einer nicht geplanten Begegnung. Bei einem kurzen Halt der Begleitfahrzeuge an einer Tankstelle tauchen zwei Jugendliche auf, die die Expedition bisher im Internet verfolgt haben. Als sie hören, dass Christian und ich in wenigen Minuten hier eintreffen werden, lassen sie sich die Chance nicht entgehen und warten geduldig, um ein paar Worte mit uns zu wechseln – und so wird aus einem kurzen Tankstopp ein längerer Aufenthalt.

Christians breites Grinsen nach dem letzten Tagestermin in Braunschweig verrät es: Heute Nacht dürfen wir nach Hause

Das letzte Etappenziel liegt in Braunschweig. Dort stehen an einer Einfallstraße bereits Vertreter von Partnern der Expedition und ihre Familien bereit, um uns auf den letzten Kilometern bis zum »Haus der Wissenschaften« zu begleiten. Dazu hat die Wolfsburger E-Mobility-Station eigens E-Bikes herbringen lassen, die normalerweise als Leihräder im Einsatz sind. Im »Haus der Wissenschaften« angekommen, heißt Friederike Harlfinger, Bürgermeisterin von Braunschweig, die Expedition willkommen. Auch Kai Florysiak ergreift das Wort, und er hat zu beiden Aspekten der Expedition eine persönliche Beziehung. Als Kind erlebte er die Ausbürgerung seiner Familie aus der DDR. Und als Geschäftsführer der Metropolregion beschäftigt er sich im Rahmen des Schaufensters Elektromobilität beruflich mit unserem zweiten Thema. Er unterstreicht die wichtige Rolle der Metropolregion, in der bereits 150 e-Up in rund 80 Kommunen unterwegs sind, für die Entwicklung einer nachhaltigen Mobilität. Zum Thema E-Bikes aber betont er, dass viele Menschen nicht nur in der Freizeit vom konventionellen Rad auf ein E-Bike umsteigen, sondern auch, weil sie es als Alternative zum Auto auf dem Weg zur Arbeit zu sehen.

Nach dem Ende der Veranstaltung löst sich das Team auf – jedenfalls für eine Nacht. Heute dürfen die Mitglieder aus der Region im eigenen Bett schlafen, ihre Familien wiedersehen. Die Berliner Filmcrew und Wahl-Norweger Matthias bekommen zum Trost ein Zimmer im Hotel spendiert. Sie werden es zu schätzen wissen.

Tag zwei in der Region

149 Tageskilometer / 5121 Gesamtkilometer

Heute Morgen denkt noch keiner von uns an Fußball. Wir sind viel zu beschäftigt. Die Fortsetzung des Termine-Marathons steht an. Erste Station ist das Rathaus in Wolfenbüttel. Für einen gehörigen Kontrast zu dessen prächtiger Kulisse aus Fachwerkbauten sorgt danach die Industriegebläse-Halle von Ilsede, die wir stellvertretend für die Gemeinde Peine aufsuchen. In Gifhorn empfangen uns Bürgermeister und Lokaljournalisten auf dem Marktplatz. Radfahren, Empfang, Radfahren, Empfang – ich gebe zu, das habe ich mir etwas weniger anstrengend vorgestellt, und Christian geht es genauso. Doch dann erwartet uns in Wolfsburg das ganz große Spektakel.

Noch vor der Einfahrt in die Stadt steigen unter anderem Oberbürgermeister Klaus Mohrs, der Geschäftsführer der Wolfsburg AG, Thomas Krause sowie Lothar Ewald von der IG Metall-Führung auf bereitgestellte E-Bikes, um Christian und mich auf den letzten Kilometern bis zur E-Mobility-Station zu begleiten. Auf der Planetariums-Wiese dahinter sind Buden und Parcours aufgebaut, alles dreht sich hier ums Fahrrad. Fast alles: Zu essen und zu trinken gibt es dort auch etwas. Vor allem aber ist eine riesige Bühne aufgebaut. Auf der haben Christian und ich jetzt gemeinsam mit Michael Cramer und dem Oberbürgermeister unseren großen Auftritt vor hunderten Besuchern. Am Ende stelle ich unter großem Beifall des Publikums jedes einzelne Teammitglied auf der Bühne vor – das hat jeder von ihnen verdient. Wobei beim einen oder anderen mit angeborener Publikumsscheu vielleicht eher der Spruch angesagt wäre: Da müssen sie jetzt durch. Kaum aber haben wir den Ort des Geschehens verlassen, setzt ein heftiger Gewitterregen ein – nett, dass er damit so lange gewartet hat.

Wir packen zusammen, nehmen Abschied von Sandra und Michael und machen uns auf den Rückweg nach Ilsenburg, wo wir an unserem angestammten Platz wieder das Lager beziehen. Von dort pilgern wir am Abend noch einmal zum Waldhotel. Ich lade das Team zum großen Abendessen ein und nutze die Gelegenheit, eine Zwischenbilanz zu ziehen. Und die fällt rundweg positiv aus – vor allen Dingen hat sich die Mannschaft mittlerweile zu einem echten Team zurecht gerüttelt. Darauf können alle stolz sein.

Anschließend ist Fußball angesagt. Wir versammeln uns im Fernsehraum des Hotels, es läuft das WM-Finale, Deutschland gegen Argentinien. Alle sind dabei, auch die, die sich eigentlich nicht allzu sehr für Fußball interessieren. Alle fiebern mit, alle halten auch die Verlängerung durch (na gut, Dietlinde nickt kurz ein, es sei ihr aber verziehen) und alle jubeln mit, als Milchgesicht Mario Götze uns endlich erlöst. Eines aber steht damit allemal fest: Jetzt wollen auch wir uns nicht lumpen lassen, sondern noch einmal alles geben, bis wir bei unserem eigenen Finale endlich an den Ufern des Schwarzen Meeres stehen!

Große Bühne zum Regionsempfang und Fahrradtag in Wolfsburg:
v.l. Joachim Mottl, Max Martin Bayer, Olmo Heinecke, Oberbürger-
meister Klaus Mohrs, Angela Nükke und Carsten Fricke von Clavey,
Lothar Ewald (IG Metall Wolfsburg), Joachim Franz, Detlef Kern,
Riccardo Margagliotta, Matthias Huthmacher, Michael Cramer,
Wilhelm Mohrmann, Thomas Krause (Vorstand Wolfsburg AG),
Chrisitan Roth und Tochter Amelie, Dietlinde Siedentopf, Detlef Kern,
Manfred Reinecke, Dirk Wöhler

Ilsenburg – Frankenheim

311 Tageskilometer / 5432 Gesamtkilometer

Die Zufahrt zu unserem Lagerplatz bei Ilsenburg

Wir sind also Weltmeister. Nach nur fünf Stunden Schlaf ist das doch irgendwie beruhigend: Der Verzicht auf den Schlaf hat sich gelohnt. Jetzt aber sieht der Himmel grau aus. Viel zu grau. Ich weiß, was es heißt, sich bei 15 Grad und Regen in viel zu warmen Regensachen die Hügel hinauf zu quälen, nur um dann beim Sturzflug der nächsten Abfahrt wieder auszukühlen. Und der Harz ist genau so: erst hoch, dann runter. Eben noch daran gedacht, schon trifft es ein: Es beginnt zu regnen. Doch es hilft nichts. Um 7:30 Uhr steigen Christian und ich auf, treten in die Pedale. Keiner von uns beiden hat Lust zu reden.

Der Harz bietet durch die jahrzehntelange Teilung viel unberührte Natur. Und er ist eines meiner Haupt-Trainingsgebiete. Unzählige Male habe ich die verschiedenen Routen zum baumfreien Gipfel des Brocken befahren, bin gewandert und gelaufen. Ich fühle mich hier zuhause. Nur heute will ich einfach weiter, wohl wissend, dass uns das Wetter nicht hold gesonnen ist. Wir folgen jetzt auf Schritt und Tritt dem Lauf des Eisernen Vorhangs. Gedenktafeln, Gedenkstätten und Grenzlandmuseen halten hier die Erinnerung an diese Zeiten wach. Als wir dem Harz schließlich den Rücken kehren, lassen wir auch das miese Wetter zurück. Es klart zunehmend auf, die Sonne kämpft sich durch die Wolkendecke. Wir halten auf Duderstadt zu, das wir großräumig umfahren. Auch hier bin ich früher schon einmal mit dem Rad durchgekommen und kenne seither den »Wiedervereinigungsbrunnen«, den ich für eines der gelungensten Kunstwerke zur Symbolik der langen Trennung halte. Ich denke eine knappe Sekunde daran, dann kommt der gefühlt tausendste Anstieg auf uns zu. Am Abend werden Christian und ich exakt 3999 Höhenmeter bewältigt haben.

Der Pfeil weist den Weg aus Ilsenburg: Wir verlassen die Heimat

Ein wenig Entspannung gibt es erst, als wir hinter Werleshausen die Werra erreichen. Kein Flüsschen, das zum Baden einlädt, denn die über viele Jahre eingeleiteten Abwässer des Kalisalz-Abbaus haben dazu geführt, dass die Werra noch heute zu den Gewässern der schlechtesten Güteklasse in ganz Europa gehört. Aber wir wollen ja auch nicht baden. Wir genießen einfach die weniger hügligen Passagen und kommen jetzt zügiger voran. Die weißen Kaliberge ziehen vorüber und wir staunen im Vorbeifahren, welche Dimensionen diese künstlichen Berge tatsächlich haben. Kein Wunder, dass man sie »Monte Kali« oder »Kalimandscharo« nennt. Wir schaffen jetzt viele Kilometer. Unsere weitere Route führt über Eschwege, Wanfried, Herleshausen und Gerstungen nach Phillipstal. Dort überqueren wir die »Brücke der Einheit« und verlassen endgültig die Werra. Das nächste Ziel heißt Point Alpha.

Raus aus dem Harz, und schon gibt es blauen Himmel

Wir wechseln seit geraumer Zeit ständig die Seite. Mal sind wir im Westen, mal im Osten der ehemaligen innerdeutschen Grenze. Gelegentlich verliert man dabei die Orientierung: Ach, war das hier DDR? Auch die Medienfahrzeuge verwirren sich zwischen Ost und West, und so landen Foto-Joachim und Matthias auf der Suche nach einer Tasse Kaffee in Heiligenstadt, einer katholischen Enklave in thüringischen Protestanten-Landen. Dort werden sie fündig, aber nicht etwa bei einem Bäcker, denn die pflegen hierzulande montags ihren Ruhetag. Sie bekommen ihr schwarzes Lebenselixier in der Feinkostfleischerei Klöppner. Und wo sie schon mal da sind, sammeln sie auch gleich noch eine weitere Geschichte zum Eisernen Vorhang ein. Sie treffen dort nämlich auch den 69-jährigen Altmeister Ulrich Klöppner an, der bereitwillig aus der 123-jährigen Familien- und Geschäftschronik erzählt. Er weiß, wie das so war zu DDR-Zeiten, als die Metzger Quoten für die Zuteilung von Fleisch aus den Kombinaten erhielten, und wie dabei gemogelt und geschummelt wurde. Grenznahe Regionen wie jene um Heiligenstadt erhielten damals mehr Fleisch als der Rest des Landes, um die Bevölkerung bei Laune zu halten, damit sie nicht auf Fluchtgedanken kam. Heute ist das anders, da kön-

Die Metzgerin in Heiligenstadt meint es zwar gut – aber vielleicht etwas schwer, die Kost?

nen die Klöppners so viel Fleisch kaufen wie sie lustig sind –
leider ist aber auch die Konkurrenz größer geworden, und
zwar vor allen Dingen durch die Fleischtheken in den Super-
märkten. Und das ist dann auch gar nicht mehr lustig, denn
von einstmals 23 Metzgereien im Umreis gibt es heute nur
noch zwei, und die verdienen nicht mehr als zu Zeiten des
real existierenden Sozialismus.

Am späten Nachmittag treffen wir oberhalb der Ortschaft
Geisa wieder mit unseren Medienteams zusammen. Dort auf
der Höhe befindet sich Point Alpha. Und dieser Ort zeugt
wie kaum ein anderer vom Irrsinn des Kalten Krieges. Aus
östlicher Sicht befand sich hier der westlichste Punkt des
Warschauer Paktes. Aus westlicher Sicht wurde hier, in der
sogenannten Fuldaer Lücke, im Falle eines heißen Krieges
mit dem Hauptangriff aus dem Osten gerechnet. Verwirrt?
Macht nichts, die Militärs sorgten für Ordnung: Die Natio-
nale Volksarmee errichtete einen Turm. Die US-Streitkräfte
errichteten einen Turm, natürlich dicker als der von drüben.
Die beiden Türme standen ungefähr einen Steinwurf voneinander entfernt. Mehr als vier Jahrzehnte lang konnten
die Ausgucke beider Seiten sich also gegenseitig beim Rei-
nigen der Fingernägel beobachten, so nahe waren sie einander. Und doch so fern, getrennt durch Maschenzaun und
Stacheldraht und ausgehobene Gräben und ideologischen
Beton in den Köpfen. Heute ist die Anlage ein Museum, das
den Wahnsinn dieser Demarkationslinie zeigt und bei aller
spöttisch-ironischen Betrachtung doch auch die Frage hinterlässt: Warum tut sich die Menschheit derartige Sinnlosig-
keiten an?

Wir sehen uns etwas ratlos an. Sollen wir hier wirklich
kurzen Prozess machen? Es ist schon später Nachmittag,
die Herren über Film und Foto sind der Meinung, das Licht
gebe nicht mehr viel her, aber dieser Ort sei nun mal wie kein
anderer geeignet, die Geschichte des Eisernen Vorhangs in
überwältigender Konzentration zu dokumentieren. Mir ist
schon klar, was sie damit meinen, und Christian auch: Wir
müssen uns morgen noch mehr ins Zeug legen, denn klar,
auch wenn es uns nicht gefällt, die Medien haben ja recht –

wir werden am nächsten Tag hier einen längeren Aufenthalt haben. Christian und ich nicken. Wird gemacht. Und wie zum Trost taucht jetzt unsere Freundin Christine auf, wie heute im Lauf des Tages am Telefon versprochen. Sie hat doch tatsächlich Cappuccino und Cabanossi-Würstchen für jeden dabei – ein kleines Festmahl zwischen Gel und Müsliriegeln.

Allzu weit haben wir es jetzt nicht mehr, Frankenheim lautet das Etappenziel. Wir sind auch schon fast angekommen, als Christian es schon wieder schafft, mir einen gehörigen Schrecken einzujagen. Einhundert Meter vor dem Zieleinlauf stürzt er bei einem Wendemanöver (wir waren am Camp vorbeigerauscht) und zieht sich dabei eine ziemliche Schürfwunde am linken Ellbogen zu. Gottlob ist auch diesmal nichts Schlimmeres passiert

Wir überleben also auch die letzten Meter. Manfred hat diesmal sogar auf deutschem Boden eine private Wiese als Lagerplatz aufgetan. Man höre und staune. Das Rhön-Dorf zählt 1200 Einwohner, und als Manfred höflich nach einem klitzekleinen Plätzchen für unsere Karawanen-Stadt fragt, geleiten freundliche Nachbarn ihn zu Familie Abe. Kerstin und Thomas Abe nennen ein großes Grundstück rund ums Haus ihr Eigen, wo sie Hühner und Gänse, Hasen und Kaninchen halten, Gemüse ziehen und einen aus Zisternen gespeisten Brunnen errichtet haben – die beiden sagen ohne zu Zögern Ja und finden tatsächlich zwischen den Gehegen noch einen Platz für unser Camp. Sogar die Toilette in der Heimwerkstatt im Keller geben sie zur Nutzung frei – ja sind wir denn auf einmal im Paradies gelandet?

»Wir sagen grundsätzlich nicht nein«, lacht Kerstin. »Zu DDR-Zeiten haben wir eben gelernt, zusammen zu halten«, ergänzt ihr Mann. Das ist im Übrigen auch so ziemlich das Einzige, was die beiden aus den alten Zeiten vermissen: den Zusammenhalt. Ansonsten war es wenig angenehm, inmitten des Sperrgebiets an der innerdeutschen Grenze zu leben, unter ständiger Beobachtung von den Wachtürmen aus. Unter der Fuchtel eines Regimes, das sich nicht einmal davor scheute, in den 6oer Jahren ganz in der Nähe

Point Alpha – der ganze Wahnsinn des
Kalten Kriegs in komprimierter Form

ein schickes Kurhotel zu sprengen, weil es zu nahe an der Grenze lag und freien Ausblick in den verbotenen Westen bot. Kerstin war denn im Herbst 1989 auch bei der Erstürmung des hiesigen Stasi-Hauptquartiers dabei, und Thomas hatte keinerlei Hemmungen, für das Hühnergehege passende Stücke aus dem abgerissenen Grenzzaun zu schneiden – wofür er dann aber noch 20 Ostmark Strafe zahlen musste, so verdreht können pflichtgetreue Bürokraten sein. Weil die beiden aber nicht nur Sonnenkollektoren auf dem Dach haben, sondern sich auch für Elektromobilität interessieren, gibt Fachmann Christian ihnen einen kurzen Überblick über Elektro-Bikes und was es dabei zu beachten gibt. Mich hätte es ehrlich gesagt nicht gewundert, wenn er den beiden auch gleich noch zwei Räder verkauft hätte.

Möge er bleiben was er ist: ein Zeugnis aus der Zeit der deutschen Teilung

Frankenheim – As

339 Tageskilometer / 5771 Gesamtkilometer

In aller Frühe stehen wir wieder am Point Alpha. Auf einen Höhenzug komprimierte Geschichte. Wir haben jetzt Zeit, um Ausstellung und Museum zu besuchen, uns in die historischen Abläufe und diese aberwitzige Konstellation zu vertiefen, bei der sich die beiden großen Militärblöcke ihrer Zeit mitten in Deutschland bis an die Zähne bewaffnet mehr als 40 Jahre lang in Sichtweite gegenüber lagen. Eigentlich ein Wunder, dass hier nichts passierte, aus dem kalten kein heißer Krieg wurde. Wir treffen Volker Bausch, den Direktor der Anlage. Er erzählt, dass pro Jahr bis zu 100 000 Besucher Point Alpha die Aufwartung machen. Neben Gruppenreisenden und Schulklassen aus ganz Deutschland sind es vor allem viele Amerikaner, die es hierher verschlägt. Darunter befinden sich immer wieder ehemalige GIs, die seinerzeit am vermutlich heißesten Punkt des Eisernen Vorhangs selbst Dienst geschoben haben und nun einen prägenden Teil ihres Lebens den Kindern oder Enkelkindern nahe bringen wollen.

Paul Dickler aus Philadelphia war nicht als Soldat hier, hat aber jahrelang für das außenpolitische US-Forschungsinstitut gearbeitet. Er besuchte die Demarkationslinie in Korea, kannte noch die Berliner Mauer – und doch berührt ihn Point Alpha ganz besonders. Inmitten einer der schönsten Naturperlen haben sich hier Menschen belauert und beäugt, immer bereit, aufeinander zu schießen. Angesichts der aktuellen Geschehnisse in der Ukraine aber fragt er sich, ob die westliche Welt nicht in den Jahren nach dem Fall des Eisernen Vorhangs die große Chance vertan habe, sich intensiver und entgegenkommender mit Russland zu beschäftigen, und ob das nicht wichtiger gewesen wäre, als Kriege im Irak und in Afghanistan zu führen.

Den Gegensatz zwischen der friedlichen Natur und dem menschlichen Tun darin empfindet auch Michael Jon Littman, ein Lehrer aus Miami, als tragischen Widerspruch. Er formuliert jedoch einen etwas anderen Ansatz: Was hätten sowohl der Osten als auch der Westen mit den immensen Summen bewerkstelligen können, die sie stattdessen in Beton und Stacheldraht und den Betrieb ihrer Anlagen steckten?

Heute haben wir rund um Point Alpha freie Fahrt

Ein Lehramt bekleidet auch Kimberly Gilman. Sie ist Lehrerin in Geschichte am Westminister College in Missouri, jener Hochschule, an der Winston Churchill 1946 anlässlich einer Rede den Begriff des Eisernen Vorhangs prägte, jener Hochschule aber auch, die Michail Gorbatschow 1991 nach dem Fall des Eisernen Vorhangs besuchte. Sie macht vor allen Dingen die individuelle Bedeutung der innerdeutschen Demarkationslinie betroffen: »Es ist etwas ganz anderes, hier vor Ort zu sehen, wie eine solche Trennlinie eine ganze Nation, Freunde und sogar Familien willkürlich auseinander reißt – das ist für uns Amerikaner doch gar nicht vorstellbar.« Gleichzeitig betrachtet sie Point Alpha als eindringliche Warnung vor den Vorstellungen einiger ihrer Landsleute, die sich eine ähnliche Befestigung der gesamten US-Grenze gegenüber Mexiko wünschen.

Auch Schülerinnen aus Gießen sind gerade zu Besuch hier. Für sie ist die damalige Situation überhaupt nicht vorstellbar. Sie haben sich jetzt direkt auf dem ehemaligen Grenzverlauf versammelt und eines der Mädchen sagt: »Ich stehe mit einem Bein im Westen und mit dem anderen im Osten – und dazwischen lagen Welten? Unfassbar!«

Irgendwann heißt es dann aber doch Abschied nehmen von diesem Ort. Wir verlassen die Rhön in Richtung Thüringer Wald, wechseln in diesen wunderschönen Mittelgebirgswelten ständig zwischen Bayern und Thüringen. Unter einem blauen Himmel türmen sich weiße Wolkengebilde, hinter gelben Kornfeldern bilden grüne Wälder die kontrastreiche Kulisse. Durch diese Landschaften winden sich kurvenreiche Nebenstraßen in stetem Auf und Ab – Christian und ich müssen Steigungen mit bis zu 17 Prozent absol-

So weit wie der Himmel über der Riesenplakette am einstigen Ort des Schreckens reicht heute die Freiheit

vieren. Bergauf ist das echt doof, bergab aber umso flotter – 84,8 km/h zeigt mein digitaler Tacho bei der schnellsten Abfahrt an und das ist mir einen langgezogenen Jubelschrei wert.

Es herrscht jedoch nicht nur Jubelstimmung. Es gibt Dinge, die nachdenklich stimmen. »Man kann einen Menschen aus der Heimat vertreiben, aber nicht die Heimat aus den Menschen«. Diesen Satz findet man im Skulpturenpark »Deutsche Einheit« zwischen Mellrichstadt und Meiningen. Hier erinnern zahlreiche Figuren an die brutale Zwangsumsiedlung der Bevölkerung durch die Behörden der DDR, Aktion »Ungeziefer« genannt. Und so geht es weiter auf der »Erlebnisstraße Deutsche Einheit«. Das abgerissene Dorf Erlebach. Ummerstadt, die kleinste Stadt der ehemaligen DDR. Das zerstörte Billmuthhausen, wo eine Gedenktafel festhält: »Nur die Toten durften bleiben!«

Und es lauern Gefahren. Wir sind in der Nähe von Bad Königshofen, als hinter mir der laute Schrei Christians ertönt. Ich weiß nicht, warum Menschen in manchen Situationen einfach richtig reagieren, obwohl sie gar nicht wissen können, was den Bruchteil einer Sekunde später passiert. Durch den Schrei ducke ich mich jedenfalls instinktiv so tief nach unten wie es nur geht – und schon rauscht das Ende einer Holzladung nur wenige Millimeter über meinen Helm hinweg. Ein Holzlaster, der bei seinem Überholvorgang ins Schlingern gekommen war, hat gerade versucht mich zu köpfen. Das war denkbar knapp – danke Christian!

Wir nähern uns dem ehemaligen Dreiländereck, wo Bundesrepublik, DDR und Tschechoslowakei aufeinandertrafen. Wir haben jetzt 1400 Kilometer deutsch-deutsche Grenze hinter uns. Manfred hat in Ermangelung von Alternativen einen nahezu leergefegten Campingplatz oberhalb des Städtchens As, auf Deutsch: Asch ausgekundschaftet. Wir haben es gar nicht bemerkt, sind jetzt aber schon auf tschechischem Staatsgebiet. Dietlinde hat wieder frischen Salat zubereitet und Nudeln mit leckerer Soße gekocht. Detlef aber nutzt die Gelegenheit und belegt vier Stunden lang sämtliche Waschbecken des Sanitärgebäudes für die große

Sie ruhe in Frieden: Kalaschnikow im Museum von Point Alpha

Das hält uns nicht mehr auf – Abschied von Point Alpha

Kleiderwäsche per Hand. Darunter fallen auch unsere Radklamotten, und das ist ein Höllenjob, denn das ganze Zeugs, dass Christian und ich zum Schutz unserer Gesäßpartien und Weichteile in Form von Cremes und Salben permanent in die Hosen schmieren, muss erst mal wieder raus aus dem Stoff.

Bestes Recycling: Der Zaun für das Gänsegehege der Familie Abe war einst Grenzzaun

As – Altreichenau

358 Tageskilometer / 6129 Gesamtkilometer

E s ist der 20. Fahrtag. 20 Tage im Sattel. 20 Tage ohne Ruhe für den Körper. Längst ist der Alltag von uns abgefallen, der schwer wie ein alter, aufgetragener Mantel über unseren Schultern hing. Er ist einem leichten, winddurchlässigen Umhang gewichen, gewebt aus dem Geruch der Felder und Wälder, aus dem Gelb der Sonnenblumen und den endlosen Weiten, mit den Eindrücken aus den winzigen Dörfern, aus dem einfachen, genügsamen Leben und dem feinen Band der Demut.

Jäh werde ich aus meinen Gedanken gerissen. Schon wenige Kilometer nach dem heutigen Etappenstart läuft uns auf der Straße nach Cheb, dem ehemaligen Eger, ein fast nacktes Mädchen auf der anderen Straßenseite entgegen. Wir bewegen uns jetzt in einem Grenzgebiet, das beispielhaft für die Schattenseite des Umbruchs steht. Hier brach damals ein wahrer Sex-Tourismus aus. »Die Verliererinnen der Wende« hat man die Prostituierten genannt, die hier ihrem oft erzwungenen Gewerbe nachgingen. Unter unwürdigsten Umständen, für 30 Euro oder weniger erledigten sie ihren Job im Gebüsch oder im Auto von aus Deutschland eingereisten Sex-Touristen.

Das mag heute nicht mehr so verbreitet sein wie in den ersten Jahren nach dem Fall des Eisernen Vorhangs, darauf deuten jedenfalls die zahlreichen verwitterten Namensschilder ehemaliger Stripclubs und halb verfallene Etablissements hin. Aber es gibt sie noch, diese unselige Vereinigung von Drogen und Prostitution. Der Anblick dieses Mädchens erinnert uns daran. Es ist ein unerträglicher Anblick. Ich bin, wie Christian auch, Vater einer Tochter. Mich kotzen Männer an, die hier die Menschenwürde mit Füßen treten! Es hilft, mit Christian darüber zu reden.

Schlafstätte für elf Menschen – das Lager oberhalb von As

Irgendwann erstirbt das Gespräch, ist alles gesagt worden. Die Gedanken schweifen umher. Tschechien – auch dieser Staat hat eine lange Leidensgeschichte hinter sich. Das Land musste ab März 1939 die deutsche Besatzung ertragen und fiel nach Ende des Zweiten Weltkriegs in die Einflusssphäre der Sowjetunion. Unvergessen bleibt für meine Generation der »Prager Frühling« von 1968 unter Führung von Alexander Dubcek, der durch die Truppen der anderen Warschauer-Pakt-Staaten blutig niedergeschlagen wurde. Den Traum der Freiheit konnte man damit jedoch nicht auslöschen. Mit der Charta 77 entstand eine Bürgerrechtsbewegung unter der Führung des Literaten Vaclav Havel, der später Präsident der Tschechoslowakei und, nach der Trennung von der Slowakei, Tschechiens wurde.

Wir folgen jetzt dem Verlauf der deutsch-tschechischen Grenze, springen dabei hin und her, sind mal hüben und mal drüben. Die Vorstellung, dass dieses Wechselspiel vor 25 Jahren ein Ding der Unmöglichkeit war, erscheint absurd. Und dennoch, es gibt Dinge, die das Hier und Dort auch nach einem Vierteljahrhundert noch deutlich unterscheiden. Die Straßen zum Beispiel. Während auf der bayerischen Seite selbst kleinste Nebensträßchen gut geteert sind, öffnet sich auf der anderen Seite meist ein buckliger Flickenteppich aus bröckelnden Asphaltpflastern, der unsere ohnehin schon strapazierten Weichteile trotz Slalomfahrt noch weiter traktiert. Oder die Häuser. Die Bayern, so kennen wir sie ja, hegen und pflegen ihr Heim, als befänden sie sich im kollektiven Schönheitswettbewerb. Jenseits der Grenze dagegen gibt es die großen Kontraste. Dort erstrahlen in Städten und Dörfern viele Gebäude in hübsch herausgeputztem Glanz – und um die Ecke stehen Häuser leer, blättert die Farbe von Fassaden, verfallen Nebengebäude.

Keinen Unterschied macht die Natur. Oberpfälzer Wald, Bayerischer Wald oder Böhmischer Wald – die Bäume wachsen hier wie dort nicht viel anders und auf jeden Fall von unten nach oben. Auch dem Gelände sind von Menschen gezogene Grenzen ziemlich schnuppe. Es geht also hüben wie drüben bergauf und bergab, wie schon seit Tagen, und

Wir kreuzen jetzt immer wieder die deutsch-tschechische Grenze

so langsam aber sicher haben Christian und ich den Kanal voll von gemein steilen Anstiegen und gefährlich kurvigen Abfahrten. Heute passieren wir am höchsten Punkt der Tagesetappe eine Höhe von 1138 Metern über dem Meer. Wir kommen auf insgesamt 4807 zurückgelegte Höhenmeter und schaffen trotzdem 358 Kilometer Strecke. Insgesamt haben wir damit schon gut 6100 Kilometer auf dem Buckel, rund zwei Drittel der Gesamtstrecke – immerhin. Wir merken es unseren Körpern an, keine Frage, es drückt und zwickt mal hier und mal dort, und Dietlinde hat jeden Abend alle Hände voll zu tun, um die Verspannungen des Tages wieder aus der Muskulatur zu kneten.

Bayern trägt die Freiheit schon im Namen, und wir tragen sie in unseren Herzen

Genauso viele Kilometer hat aber auch das Begleitfahrzeug absolviert. Seit Riccardos Einstieg sitzt dort unser Sizilianer am Steuer, während Willy auf den Platz des Navigators gerückt ist. Was nichts daran ändert, dass der alte Haudegen jetzt schon seit geschlagenen drei Wochen jeden Tag 12 bis 14 Stunden und manchmal mehr im Auto verbringt. Nichts gegen die Sitze von VW, die sind gut, aber eigentlich ist es doch ein Wunder, dass sich Rücken und Schulter nicht schon viel früher bemerkbar gemacht haben. Jetzt aber melden sie ihren Protest an. Dietlinde hat damit nach der abendlichen Behandlung von Christian und mir einen weiteren Patienten. Und wie sie so an Willy herumknetet, sieht man auf den ersten Blick: Autsch, das tut weh.

Ansonsten geht es heute Abend recht gemütlich zu in unserem Lager am Ortsrand von Altreichenau, nahe des nächsten Dreiländerecks: Hier treffen Tschechien, Deutschland und Österreich aufeinander. Und ich muss neidlos anerkennen, dass die Bayern in der Politik zwar gelegentlich zum Querulantentum und dem Braten von Extrawürsten neigen mögen, aber sie sind halt doch auch ein gastfreundliches Völkchen. Der Wirt des »Loipen-Stüberl« hat sein kleines Wiesenstück gleich neben der heute geschlossenen Kneipe als Zeltplatz zur Verfügung gestellt und die sanitären Einrichtungen der gegenüber liegenden Tennishalle bleiben eigens wegen uns die ganze Nacht über geöffnet. Jo mei, so san's halt, die Bayern!

Jeder hat seine Aufgaben im Team. Detlef bereitet heißes Wasser für die Trekkingessen vor

Altreichenau – Wildendürnbach

326 Tageskilometer / 6455 Gesamtkilometer

Ein letztes Mal in Deutschland aufwachen. Den gewohnten morgendlichen Ablauf zelebrieren. Ich denke beim Einschmieren darüber nach, wie viele Tuben Hirschtalg ich schon an meinem Hinterteil aufgetragen habe, wie viel Melkfett und Linola-Fettsalbe, und wie viele Feuchttücher in diesem Zuge dran glauben mussten. Mein Blick wandert zu Christian, der schon startklar bereit steht. Irgendwie wirkt er heute so dünn. Er hat in den letzten Tagen bestimmt wieder ein oder zwei Kilogramm abgenommen, seit dem Start am Nordmeer schon mehr als fünf. Ich allerdings auch. Bei den zuletzt hohen Temperaturen hat man nur wenig Lust zu essen oder Gels in sich hineinzuzwingen. Wir werden bald das neunte Land unserer Reise erreichen, Österreich. Danach folgen noch weitere zehn. Was haben wir uns da nur vorgenommen?

So fahren wir in einen nebelverhangenen Morgen hinein. Schon nach wenigen Kilometern passieren wir die Grenze zu Österreich. Ich sauge vertraute Gerüche in mich ein, den Duft der Mohnfelder und der frisch gemähten Wiesen, vermischt mit heißem Sommerwind. Es ist der Geruch meiner Jugend. Wie oft war ich mit meinen Eltern in Österreich! Hier bin ich gewandert, hier habe ich Schwimmen gelernt. Die ersten Weinberge ziehen vorbei. Beim Heurigen zu sitzen wäre eine schöne Alternative für den Abend. Daraus wird natürlich nichts, doch es ist ein Tag zum Träumen. Auch auf der anderen Seite der Grenze, in Tschechien. Dort rechne ich fast damit, in einem dieser vielen, versteckt liegenden Märchenorte irgendwann dem unerschrockenen »Kater Mikesch« zu begegnen oder den Figuren aus »Drei Hasel-

In Österreich werden Kindheitserinnerungen wach – bis die Haut plötzlich brennt

nüsse für Aschenbrödel«. Über vielen Ortschaften liegt noch der Zauber aus vergangenen Zeiten und in meinem Kopf entstehen Bilder – ich liebe es, mir auszumalen, wie es hier damals wohl gewesen sein mag.

Auch die Natur hüben wie drüben finden Christian und ich zunächst grandios: eine hügelige Wald- und Wiesenlandschaft, im Vordergrund das satte Grün von Weiden, dazwischen das helle Grün des Laubes und in der Ferne dunkler Hochwald. Das Spiel aus Licht und Schatten in baumbestandenen Alleen, dazu gelegentlich ein Teich im Wiesengrund – wirklich schön. Später übernehmen Kornfelder,und das Land verflacht zusehends, je weiter wir nach Osten kommen. Es könnte mithin alles so schön sein. Wenn wir hier im Urlaub wären. Gemütlich durch die Lande radeln würden. Das machen wir aber nicht. Wir treten und treten und treten, machen Tempo. Und dann erleben wir auch noch mehr Dramatik als uns lieb sein kann.

Das Ganze beginnt am frühen Morgen. Alles ist noch gut. Die Sonne beginnt zu wärmen. Doch plötzlich fange ich Feuer. So kommt es mir jedenfalls vor. Die Haut brennt, rötet sich wie bei einem mittelschweren Sonnenbrand, der gesamte Oberkörper läuft krebsig rot an. Was zur Hölle ist da los? Die Erklärung ist schnell gefunden: Dietlinde hat mich am Morgen mit einer muskellockernden Creme eingerieben – und jetzt, im Angesicht meines Schweißes, reagiert die Haut darauf wie Teufel. Da hilft nichts, das Zeug muss runter, so schnell wie möglich, und ich reibe und rubbele die Feuchttücher fast schneller weg, als Willy sie mir aus dem Begleitfahrzeug reichen kann.

Am Nachmittag dann, wir haben erst vor kurzem Vranov (zu Deutsch Frain) mit seinem imposanten Burgenbau auf hohem Fels passiert, werden Christian und ich von einem umgestürzten Baum aufgehalten. Zu behaupten, den hätte jemand gezielt auf uns werfen wollen, geht vielleicht etwas zu weit, aber der mächtige Stamm muss kurz vor uns quer auf der Straße gelandet sein. Jedenfalls rückt erst jetzt die Feuerwehr an, um das riesige Ding in Teile zu sägen. Dann können wenigstens wir auf dem Rad schon mal weiter.

Behandlung tut not, und meistens tut sie auch gut

Auf Gefällstrecken darf man ruhig auch mal nebeneinander her radeln

Verfall auf der östlichen Seite des ehemaligen Eisernen Vorhangs

Richtig gefährlich wird es dann kurz vor Erreichen des Grenzübergangs bei Laa. Wir fahren mit hohem Tempo über die gut ausgebaute Straße, als plötzlich ein Hund sich anschickt, eben diese zu queren. Keine gute Idee. Christian, der gerade an der Reihe ist mit dem Spenden von Windschatten, erkennt die Gefahr als erster und ruft: »Scheiße!« Ich registriere die drohende Katastrophe sofort, leite ein Ausweichmanöver ein und schon ist der Vierbeiner fast zwischen uns beiden durch, scheint alles gut zu gehen – da überlegt es sich der Abkömmling der Wölfe anders und dreht um!

Jetzt habe ich keine Chance mehr, jetzt gilt: er oder ich! Mir bleibt keine andere Wahl, als samt Rad in den Straßengraben zu rauschen. Dabei denke ich noch: »Bloß nicht stürzen!« Ich schaffe es tatsächlich, auf dem Rad zu bleiben, trete weiter in die Pedale, um den Schwung nicht zu verlieren, der mich aufrecht hält, balanciere wie wild herum. Ich schätze, dass ich etwa 10, 15 Meter durch den Graben zirkele und dann erst mit dem letzten noch vorhandenen Speed zurück auf die Straße komme. Das war knapp! Nicht auszudenken, was passiert wäre, wenn ich diesen Hund mit hohem Tempo getroffen hätte.

Noch einmal gut gegangen – und so gesehen sind die aufkommenden Gewitterregen des Nachmittags Peanuts. Bei Laa an der Thaya verlassen wir endgültig Tschechien. Das heutige Lager ist in Österreich auf der Festwiese des Dorfes Wildendürnbach errichtet, direkt beim Fischteich der Gemeinde – Manfred hat die Genehmigung des Bürgermeisters höchstpersönlich eingeholt. Und so sitzen wir am Abend eines ereignisreichen Tages bei Kerzenschein im Kreis zusammen, rekapitulieren in der lauen Abendluft witzelnd und lachend die dramatischen Geschehnisse des Tages und kommen uns ein bisschen vor wie die Ritter der Radelrunde.

Wir wirken doch ziemlich klein vor dem imposanten Burgenbau in Vranov

Ringsum Sonnenblumen, und von oben
brennt die große Sonnenblume

FREITAG, 18. JULI 2014:

Wildendürnbach – Podersdorf

210 Tageskilometer / 6665 Gesamtkilometer

Über diese schmale Brücke geht es in die Slowakei

Eigentlich könnten wir heute jubeln, denn wir haben nur etwa 200 Kilometer auf dem Programm. Doch ob man es glaubt oder nicht, so richtig klasse finden wir das gar nicht. Man kann sich nämlich nicht nur an die Schmerzen gewöhnen, man kann sich auch daran gewöhnen, den ganzen Tag im Sattel zu verbringen. Man verschmilzt mit seinem Rad, und dabei ist es völlig egal, ob es sich um ein E-Bike oder ein Rad ohne elektrische Unterstützung handelt. Es kann aber auch passieren, dass man vormittags noch eins ist mit dem Rad und es am Nachmittag zum Kotzen findet, die Pedale auch nur einmal ums Lager zu drehen. Es ist eine Art Hassliebe. Diese immer wiederkehrende Suche nach dem eigenen Rhythmus, dieses sich selbst disziplinieren und mit dem Gedanken an das tägliche Finale zu motivieren. Heute aber wissen wir, dass wir eine kurze Unterbrechung in Bratislava haben werden, um dort das Volkswagen-Werk zu besuchen. In diesem Werk wird der Kleinwagen Up gebaut und damit auch dessen Elektroversion, das erste Serien-Elektroauto von VW. Der Ortstermin dort ist daher Pflicht, schließlich wollen wir mit unserer Expedition auch etwas in Sachen Elektromobilität bewegen.

Wir beginnen den Tag jedoch mit der Besichtigung des Mahnmals »Eiserner Vorhang« in der Nähe von Guglwald. Wir haben seit dem Verlassen Deutschlands nur wenige Spuren des Eisernen Vorhanges direkt an unserer Strecke gefunden, doch auch an diesen Grenzen sind Menschen verhaftet, gejagt und getötet worden. Danach überqueren wir die March, rollen über eine schmale Brücke hinüber in

So verlockend es aussieht, zum Obstpflücken haben wir keine Zeit

die Slowakei, durchfahren endlos scheinende Landwirt-
schaftsflächen. In sanften Wellen wogen die Kornfelder,
dazwischen ziehen sich die grünen Streifen der Wiesen und
Weiden bis zum Horizont. Gelegentlich sprießen Mais-
äcker, tupfen Sonnenblumen ihr Gelb in die Landschaft. Das
Asphaltband führt in weiten Kurven durchs Land, passiert
langgezogene Dörfer mit den typischen eingeschossigen
Giebelhäusern. Es ist ein brütend heißer Tag. 30 Grad und
mehr misst das Thermometer, der Fahrtwind kühlt kaum.
Die Bauern scheinen von nachmittäglichen Gewittern zu
wissen, sie sind schon seit der Frühe auf den Feldern, gewaltige Mähdrescher versperren immer wieder die Wege.

Es sind auch noch andere auf dem Fahrrad unterwegs

Angekommen in Bratislava, der Hauptstadt der erst 1993
nach der einvernehmlichen Trennung von Tschechien ent-
standenen Slowakei, werden wir bereits beim Volkswagen-
Importeur erwartet. Milena Holweg, die Marken-Verantwort-
liche für VW, und ihr Stab empfangen uns, Pressevertreter
möchten Details zu unserer Expedition erfahren. Milena
aber betont, dass die heutige Generation eine Verantwortung
ihren Kindern gegenüber trägt und schon deshalb eine Veränderung des Mobilitätsverhaltens notwendig ist. Und sie
ist davon überzeugt, dass diese Veränderung in nicht allzu
weiter Ferne liegt: »Wir befinden uns in einer schnelllebi-
gen Zeit – das Elektroauto wird sich schneller etablieren als
wir es uns heute vorstellen können.« Und genau dazu könne
unsere Expedition beitragen: »Euer Unternehmen ist Erinnerung an die Vergangenheit und Fingerzeig in die Zukunft
zugleich.« Ich finde, das hat sie gut gesagt.

Danach stehen zwei e-Up für uns bereit – sie lotsen uns
während eines schweren Gewitterregens aus der Stadt und
führen uns bis zum VW-Werk, dem Geburtsort der Elektromobilität bei Volkswagen. Dort herrscht schon wieder eitel
Sonnenschein. Es gibt neugierige Blicke der Belegschaft, als
unsere seltsame Karawane vor den Werkstoren parkt, und
wir stehen bereitwillig Rede und Antwort, ehe es weitergeht.

Auf Christian und mich warten jetzt weitere 50 Kilometer
Strecke, durch endlose Sonnenblumenfelder, zurück nach
Österreich. Das Gewitter hat nicht für Abkühlung gesorgt,

Wir überlassen Milena Holweg von VW in Bratislava kurz die Lenker – aber nur symbolisch

die Hitze ist fast unerträglich, vor allem wenn wir zum Akku-
tausch anhalten müssen. Dann fallen Mücken oder Brem-
sen über uns her und ich wundere mich, dass die Dinger
zwischen Sonnencreme, Hirschtalk, ABC-Salbe und Melk-
fettrückständen noch immer Stellen auf der Haut finden, an
denen sie zustechen können. Jedenfalls werden unsere Pausen jetzt immer kürzer. Zurück im Sattel tauche ich wieder
ein in mein derzeitiges Leben, das aus dem gleichmäßigen
Tretrhythmus, dem Betrachten der Landschaft, Gedanken
über mich und die Welt und manchmal auch einfach nur aus
dem Studium der Wadenmuskulatur von Christian besteht.

Das Etappenziel heißt Podersdorf, wo die Lagercrew noch
genug Standplätze auf einem Campingplatz am Neusiedler
See ergattern konnte – es ist Hochsaison. Christian genießt
das Kontrastprogramm der vielen Menschen, doch ich muss
mich erst daran gewöhnen, von tausenden Wohnwagen,
Wohnmobilen und Zelten, von feiernden Jugendlichen und
tratschenden Touristen umgeben zu sein. Außerdem fallen
auch hier Mückenschwärme über uns her und da werden
Erinnerungen an Finnland wach – wie lange ist das schon
her! – nur haben wir jetzt locker 20 Grad Celsius mehr. Die
Flucht ins stickige Wohnmobil ist da nicht die erste Wahl.
Max drückt mir eine eiskalte Dose Bier in die Hand. Es ist
mir völlig egal, wie er sie so kalt bekommen hat, ich genieße
diesen Augenblick, diese einfache Dose Bier und den Son-
nenuntergang über dem See. Ich bin zwar hundemüde, aber
ich werde in der Wärme eh nicht wirklich schlafen können,
also bleibe ich noch ein wenig sitzen. Ein paar Teammitglieder gehen noch baden, andere räumen in ihren Reisetaschen
auf. Als dann Ruhe im Lager einkehrt, nur noch die Medienleute schweigend vor ihren Laptops sitzen und den Tag fil-
misch, fotografisch und textlich verarbeiten, da kommen die
Gedanken an den nächsten Tag. Ich habe keine Angst vor
noch mehr Höhenmetern, wir haben in den vergangen fünf
Tagen mehr als 16 000 davon abgearbeitet, nein, mich erfasst
nur ein ehrlicher Respekt gegenüber dem eigenen Körper,
dem ich so viel abverlange.

Podersdorf– Szentgotthard

212 Tageskilometer / 6877 Gesamtkilometer

Ehre, wem Ehre gebührt – unser Filmer Max hat Geburtstag

Mann, hatte ich einen Traum! Ich musste den ganzen Tag auf einer Strecke fahren, bei der alle Meter der Belag wechselte. Grober Teer, Kopfsteinpflaster, Sand, Schotter. Es ließ sich total beschissen fahren und ich war die ganze Nacht wütend darüber. Gottlob, am Morgen war der Spuk vorbei.

Dabei ist heute der vielleicht wichtigste Tag der gesamten Expedition. Nicht nur weil Max seinen 35. Geburtstag feiert, was natürlich auch wichtig ist und am frühen Morgen

Die Gedenktafel zur Erinnerung an die Ereignisse während des Paneuropäischen Picknicks

1989. AUGUSZTUS 19. EGY RAB NÉP KINYITOTTA BÖRTÖNÉNEK A KAPUJÁT, HOGY EGY MÁSIK RAB NÉP KILÉPHESSEN A SZABADSÁGBA.

AM 19. AUGUST 1989 ÖFFNETE EIN UNTERDRÜCKTES VOLK DAS TOR SEINES GEFÄNGNISSES, UM EINEM ANDEREN UNTERJOCHTEN VOLK ZUR FREIHEIT ZU VERHELFEN.

mit Blumenkranz auf dem Kopf (Lorbeeren hatten wir keine zur Hand), Team-Gesang (wenn man das so nennen möchte) und einem Geschenkkorb (Inhalt geheim) gewürdigt wird. Im Zusammenhang mit unserem Expeditions-Thema aber ist der heutige Tag so bedeutsam, weil wir uns nun bei Sopron in jene Region begeben, an der das Ende des Eisernen Vorhangs seinen Anfang nahm. Die ganze Geschichte ist etwas kompliziert und wir haben nicht viel Zeit. Also jagen Christian und ich durch die Weinanbaugebiete des Burgenlands um den Neusiedler See herum Richtung Ungarn. Am Grenzübergang zwischen St. Margarethen auf österreichischer und Sopronköhida auf ungarischer Seite befindet sich die Gedenkstätte für jene Ereignisse, die am Ende den Eisernen Vorhang zum Einsturz brachten.

Hier veranstaltete am 19. August 1989 die Paneuropäische Union auf ungarischer Seite das so genannte Paneuropäische Picknick. Dazu reisten auch zahlreiche DDR-Bürger an. Eigentlich sollte das Grenzgatter nur kurz symbolisch geöffnet werden, doch dann kam alles anders: Fast 700 Ostdeutsche drängten plötzlich in Richtung Tor, wo ungarische Grenzsoldaten mit ihren Kalaschnikows Wache hielten. Karl Kurz, der damals in der Nähe wohnte und jetzt hier mit Freunden einen Stopp mit dem Motorrad einlegt, berichtet: »Die Grenzer wichen zurück, ließen schließlich die Leute

Ein Monument von großer Symbolkraft: Das eiserne Tor steht offen

durch. Es fiel kein Schuss.« Dann waren die DDR-Flüchtlinge in Österreich, mit Kindern im Arm und sonst nichts dabei, während auf der anderen Seite des Zauns hunderte Trabant mitsamt dem Hab und Gut ihrer Besitzer zurück blieben. Die offizielle Grenzöffnung zwischen Ungarn und Österreich erfolgte dann am 11. September des gleichen Jahres. An diese entscheidenden Ereignisse sowie an den Schnitt des 27. Juni 1989 durch die Außenminister beider Länder, der ein Stück weiter östlich bei Klingenbach stattfand, erinnern das hiesige Denkmal in Form zweier halb geöffneter Stahltüren, ein alter Wachturm und ein Grenzlehrpfad.

So viel zur Historie. Es wird entsprechend fotografiert und gedreht, dann müssen Christian und ich auch schon weiter. Die Medienteams dagegen fahren nach Mörbisch am Neusiedler See, um zu sehen, ob sie nicht einen Zeugen aus jenen Tagen ausmachen können. Manchmal beneide ich die Jungs. Gerne wäre ich bei solchen Gelegenheiten selbst dabei, was angesichts des eng gesteckten Zeitrahmens natürlich nur selten möglich ist. Zum Glück weiß ich aber, dass ich mich auf die Vier verlassen kann. So auch diesmal. Sie spüren sogar zwei Zeitzeugen des Sommers von 1989 auf. Günter Portschy leistet zu jener Zeit Dienst an der hiesigen Wache der österreichischen Polizei. 38 Beamte sind hier stationiert, und zu ihren Aufgaben zählt unter anderem die Bewachung von 53 Kilometern Grenzverlauf. In den 70er Jahren, als der Kalte Krieg noch Tiefsttemperaturen pflegte, hat Günter Portschy schon einmal einen Flüchtling aus dem Schilf des Neusieder Sees geborgen, der sich dort vier Tage versteckt hatte, aus Angst davor, noch auf ungarischer Seite zu sein. Jetzt aber, an einem frühen Morgen im Juli 1989, kurz vor dem Ende seiner Nachtschicht, beobachtet Portschy aus dem Fenster seiner Amtsstube vier Männer und Frauen, die auf der Treppe des Supermarktes hocken, und drei auf der Kreuzung spielende Kinder. Er beschließt, der Sache nachzugehen, marschiert die wenigen Meter hinüber – und löst bei den Fremden entsetzte Blicke aus. Als der Polizist sie nach ihrem Anliegen fragt, stottern die Erwachsenen offensichtliche Ausreden, »und zwar in einem deutschen Dialekt,

Umbruch bedeutet hier auch Abbruch, das Niederreißen des Eisernen Vorhangs

Dann nehmen wir Abschied von dieser historischen Stätte

ÁTTÖRÉS

UMBRUCH

den ich noch nie gehört hatte«, lacht der heute 68-jährige Polizist im Ruhestand. Spätestens jetzt ist ihm klar, dass er Flüchtlinge aus der DDR vor sich hat, und er beruhigt sie: »Keine Sorge, Sie brauchen keine Angst zu haben, Sie sind jetzt in Österreich.« Von nun an aber dreht sich die Spirale schnell weiter: An den nächsten Tagen kommen mal 12, mal 20 Flüchtlinge über die grüne Grenze nach Mörbisch, bis Mitte September werden es rund 2000 sein. »Die Leute aus der Gemeinde haben ganz fantastisch reagiert und mit Essen, Kleidung und kostenlosen Zimmern in Gasthöfen geholfen«, stellt Günter Portschy seinen Mitbürgern ein erstklassiges Zeugnis aus.

   In der Familie von Ilse Fiedler aber belässt man es nicht nur dabei. Ihr Bruder und seine beiden Söhne patrouillieren nachts durch den grenznahen Wald. Sie heften rot-weiß-rote Bändchen an Zweige und tragen weiße Westen mit der Aufschrift »Hier ist Österreich« auf dem Rücken, damit Flüchtlinge wissen, wo sie die Sicherheit der Alpenrepublik erreicht

Heute passieren auch Traktoren die Grenze zwischen Österreich und Ungarn ohne Hindernisse

haben. Manchmal lenken die beiden Jungen die ungarischen Grenzer auch mit Wein und Zigaretten ab, während ihr Vater Flüchtlinge über die Sperrlinie lotst. Dabei werden sie eines Tages erwischt – die Söhne schicken die Ungarn gleich nach Hause, den Vater verhaften sie, er kommt aber bald wieder frei.

»Die ungarischen Soldaten mussten Fluchthelfer ja festnehmen, ob sie nun wollten oder nicht«, erklärt Ilse. Günter ergänzt, dass es bis zur Grenzöffnung keinerlei Kontakt mit den Kollegen drüben gegeben habe. Nach dem Fall des Eisernen Vorhangs habe man sich dann verabredet und auf ein Glas Bier oder Wein getroffen – »und daraus sind enge Freundschaften entstanden.« Der ehemals gesperrte Grenzweg aber ist heute Bestandteil des Europa-Radwegs 13 Iron Curtain Trail, und während Matthias und Olmo diese Gespräche führen, radeln zahlreiche Radfahrer über die offene, völlig unbewachte Grenze.

Christian und ich queren die einstmals scharfe Grenze im weiteren Streckenverlauf immer wieder. Mal sind wir in Österreich, mal in Ungarn. Der Tag entwickelt sich zum heißesten der bisherigen Tour. Bei weit über 30 Grad hinterlassen die allenthalben geschäftig hin und her fahrenden Trecker ihren Abdruck als geriffelte Gummispuren auf dem Teer. Sie werden wohl erst im nächsten Sommer verblassen, wenn wir schon lange wieder zuhause sind. Ich versuche, mich mit Musik im Ohr zu motivieren. Heute mag ich es sanft. Phillip Poisel, Skript, Scala, Söhne Mannheims und so weiter. Es sind harte Kilometer mit heftigen Gegenwind-Attacken, die uns heute die Strecke würzen, da ist Musik eine geheime Macht, die positive Befehle an die Beine sendet.

Am Abend gewinnt Ungarn das Grenzspringspiel. Wir haben trotz des langen Aufenthalts am Morgen noch 212 Kilometer Strecke gemacht und beziehen unser Lager auf einem einfach eingerichteten Campingplatz bei Szentgotthard. Als Christian und ich ankommen, sind im Schatten der Bäume bereits die Feldbetten aufgestellt. Ein leichter Wind streicht über den nackten Körper, Stimmen und Geräusche entschwinden langsam in die Ferne. Ich glaube, wir sind beide sehr schnell eingeschlafen. Eine gute Stunde später werden wir geweckt, als auch die Medien-Fahrzeuge von ihrer langen Reise in die Vergangenheit eintrudeln. Erst jetzt gehe ich unter die nicht gerade einladende Dusche des Zeltplatzes. Aus dem Spiegel des Waschraums sieht mich ein müdes, fleckig-braunes Gesicht an, als wolle es fragen: »Warum?« Die Antwort darauf trage ich mittlerweile im Herzen.

Ich habe heute auch das erste Mal das sichere Gefühl, dass wir es schaffen werden. Gemeinsam das Ziel am Schwarzen Meer erreichen. Ich bin stolz auf Christian. Es hat im Vorfeld Menschen gegeben, die der Meinung waren, er würde das nicht packen. Aber Menschen irren sich und blicken allzu oft durch die Neidbrille. Christian und ich sind zwei grundverschiedene Typen, aber intuitiv hatte ich auf Anhieb gespürt, dass er dieses Abenteuer bestehen würde. Vielleicht gerade weil wir so unterschiedlich sind. Und ich bin mir sicher, dass wir in unserer Freundschaft gestärkt zurückkommen werden. Auch wenn noch einige Tage und harte Herausforderungen vor uns liegen: Was uns beide heute schon begeistert, ist der Gesinnungswandel im Laufe der Expedition. Waren es mit »Halten die Bikes?« oder »Wie klappt es mit den Akkus?« zuerst rein praktische Fragen, die uns beschäftigten, so haben wir mittlerweile weniger Fragen, aber umso klarere Aussagen und Überzeugungen im Kopf: Die Freiheit auf dem E-Bike! Nein zur Teilung von Welten! Erlebnis Europa! Gastfreundschaft über alle Grenzen!

In dieser Stimmung entscheide ich, dass wir heute Abend noch einmal Essen gehen. Wir finden eine nette Kneipe, es gibt ungarisches Gulasch, was sonst, und weil der Geburtstag von Max und ein ausgesprochen erfolgreicher Expeditionstag gefeiert werden dürfen, gönnen wir uns dazu ein kühles Bierchen.

Szentgotthard – Novaki

264 Tageskilometer / 7141 Gesamtkilometer

Im Schweiße seines Angesichts: Christian genehmigt sich beim Fahren eine Dusche

Ein neuerlicher Tag mit Hitze erwartet uns. Am frühen Morgen liegt noch angenehme Kühle in der Luft, aber das wird sich schnell ändern. Und schon liefern wir uns unfreiwillig ein ungleiches Rennen mit einem Triathleten auf seinem Rennrad. Er hat unsere Akkus nicht gesehen, als wir ihn überholt haben. Jetzt versucht er vergeblich, uns wieder einzuholen, und weil das nicht gelingt, zweifelt er wohl an seiner Kondition und Kraft. Erst als er uns beim Akku-Wechsel überholt, erkennt er die E-Bikes und fährt fluchend vorbei. Warum? Ich will es wissen, gebe Gas und schließe wieder zu ihm auf. Als ich neben ihm bin, spreche ich ihn an. »Das ist doch kein Sport!«, erwidert er ver-

Den möchten wir mit seiner Ladung nachher nicht vor uns haben

ächtlich. Ich erzähle ihm daraufhin, wann wir am Polarmeer losgefahren sind und welche Tagesetappen wir zurücklegen. Es wird still auf dem schnittigen Rennrad. Nach einer Weile des Nachdenkens kommt: »Kann man das auch irgendwo nachlesen?« Man kann. Er nickt jetzt anerkennend: »Ist ja doch eine geile Aktion!« Damit ist das Rennen beendet.

Wir pedalieren jetzt durch Slowenien und Ungarn, durch eine hügelige Wald- und Wiesenlandschaft mit verträumt daliegenden Dörfern und Weilern. Es ist Sonntag, die Straßen sind fast menschenleer. Es herrscht eine friedliche Stimmung. Umso deutlicher erlebt man den Unterschied zwischen den beiden Ländern: In Slowenien stehen die Häuser frisch herausgeputzt da, die Straßenbeläge sind neu – in Ungarn blättert vielerorts der Putz von den Hauswänden, viele Häuser stehen leer, andere verfallen, der Asphalt wellt sich pickelig. Es ist nicht einfach, auf dem löchrigen Flickenteppich ungarischer Nebenstraßen einen halbwegs vernünftigen Weg zu finden, der einen nicht vollends durchrüttelt. Das Grenzgebiet hier erscheint uns wie das Armenviertel Ungarns. Hier ist nichts gewachsen in den vielen Jahren der Teilung. Und geblieben sind nur die, die in einer bescheidenen Bewirtschaftung der Ackerflächen ihr Auskommen finden. Es sind die älteren Menschen, die das Bild der Ortsdurchfahrten prägen. Junge Leute hält hier zu wenig, sie bleiben nicht hier.

Am Nachmittag tauchen immer wieder Mähdrescher auf, die, Sonntag hin und Sonntag her, auf großer Erntefahrt sind. Diese blechernen Ungetüme kommen uns vor als seien sie die Ritter der Landstraßen, die uns mir ihren Waffen auszubremsen versuchen. Mit manchmal gewagten Überholmanövern lassen wir die Maschinen jedoch jedes Mal siegreich hinter uns. Mein Gesicht brennt unter einem wolkenlosen Himmel. Bei knapp 40 Grad frisst die Sonne sich förmlich in die Haut, trotz Sonnencreme mit Schutzfaktor 50. Ich finde, dass die Haut auf den Armen nach einigen Stunden durch die Vermischung von Schweiß, Sonnencreme und Bräune aussieht wie die knusprigen Schenkel von Brathühnchen. Man kommt auf komische Gedanken.

Von Slowenien nach Kroatien – wir erreichen das 13. Land unserer langen Reise

189

Außer uns und den Bauern arbeiten heute auch noch andere. Beispielsweise Fahrer und Fotograf einer slowenischen
Presseagentur. Wir schaffen diesmal tatsächlich ein Rendezvous an der Strecke, eine kleine logistische Meisterleistung.
Ein Interview und ein paar Fotos später, begleiten uns die
Journalisten noch ein Stück des Weges, um Fahraufnahmen
zu bekommen. Dann sind wir wieder alleine, wir und der
rollende Schutzengel hinter uns. So passieren wir die Stadt
Barcs, die mit ihren 12 000 Einwohnern schon zu den größeren Orten in diesem Teil Ungarns gehört.

Dann erreichen wir die Grenze nach Kroatien. Die Kroa-
ten sind seit 2013 zwar in der EU, aber kein Schengen-Land.
Aber müssen sich die Ungarn deswegen bei der Ausreise
derart anstellen? Der Zöllner hat sich vor der geschlossenen
Schranke aufgebaut, als wäre er ein kleiner Gott. Er bellt
seine Befehle heraus wie Graf Rotz auf dem Kasernenhof:
»Pass!« »Türen auf!« »Was ist das?« »Und das?« 7000 Kilometer haben wir jetzt hinter uns, ein Dutzend Grenzen überschritten und noch nie einen Pass vorzeigen müssen. Das
wird jetzt nachgeholt. Erst dann lässt der Uniformträger mit
dem gnädigen Gesichtsausdruck eines Priesters nach dem
Abnehmen der Beichte den Schlagbaum öffnen – wir dürfen mit unserem Begleitfahrzeug im Schlepptau passieren.
Vielleicht hat der Mann ja noch die Zeit des Kalten Krieges
als junger Zöllner mitbekommen, das könnte vom Alter her
sein – begriffen hat er jedenfalls nichts von den neuen Zeiten. Er führt sich genauso auf, wie man das in den frühen
1980er-Jahren von den Uniformierten des Warschauer Pakts
gewohnt war. Von europäischem Geist keine Spur. Ganz
anders auf der anderen Seite: Die junge Frau in Uniform
bleibt brav in ihrem Häuschen, wirft nur einen kurzen Blick
in die hingereichten Pässe, lächelt sogar. Außerdem sieht sie
mit ihrem hübschen Gesicht, den blauen Augen und blon-
den Haaren natürlich viel besser aus als der Kotzbrocken auf
der anderen Seite. Sorry man, aber cool geht anders.

Trotzdem ist der heutige Tag ein guter Tag. Die Etappe
beträgt nur 264 Kilometer, genug bei der brütenden Hitze.
Schon am Nachmittag haben wir unser Pensum abgespult

und Manfred hat tatsächlich bereits ein Quartier für die Nacht beschafft. Vom Balkon eines Hauses am Ortsende von Novaki weht ein Deutschland-Fähnchen und tatsächlich: Hier wohnt mit Albert Knittel ein Schwabe aus Gammeltingen auf der Alb. Er verwaltet das Erbe seiner verstorbenen kroatischen Frau und kümmert sich um die zahlreichen jungen Obstbäume auf dem Grundstück. Äpfel, Birnen, Zwetschgen und Mirabellen wachsen dort, und dazwischen findet sich ein Plätzchen für uns und unseren Fuhrpark. Dass Albert uns Unterschlupf gewährt, spricht ebenso für ihn wie seine Fahrten in die Kriegsgebiete des Balkan, als er in den 1990er-Jahren Hilfsgüter in Regie des Roten Kreuzes in die vom Bürgerkrieg betroffenen Gebiete brachte. Der Jugoslawien-Krieg hat nach vorsichtigen Schätzungen mehr als 150 000 Menschen das Leben gekostet. Er fand direkt vor der Haustür des Westens, unter den Augen Europas statt – wie ist so etwas möglich?

Jetzt herrscht Frieden. Dazu passt unser Lagerplatz. Er weckt ein Gefühl der Geborgenheit. Ich vergesse fast die Blessuren, die mehr als 7100 Kilometer auf dem Rad hinterlassen haben, die Schmerzen im Rücken, in den Schultern und im Nacken. Und auf einem Feldbett im Schatten junger Apfelbäume liegend, schreibt sich auch ein Expeditions-Tagebuch umso leichter. Jeder Luftzug fächelt etwas Kühle zu, verjagt die Fliegen und bringt neue Gedanken mit sich. Ich habe Nachholbedarf beim schriftlichen Festhalten der Ereignisse aus den letzten Tagen.

Für den Rest der Mannschaft gibt es jetzt genügend Zeit, die eigenen Wehwehchen zu pflegen und mal wieder so etwas wie Ordnung in die Fahrzeuge zu bringen, Ölstand und Reifen-Luftdruck zu kontrollieren. Dabei wird festgestellt, dass ein Schlagloch, von dem Foto-Joachim am Steuer glaubte, er könne es ignorieren, unschöne Spuren hinterlassen hat: Der rechte Vorderreifen trägt eine dicke Beule, die nichts Gutes verheißt. Keine Frage, morgen muss Ersatz her. Damit fällt wieder ein Medienauto aus, ärgerlich, aber nicht zu ändern. Ich lasse mir die gute Laune nicht verderben. Die Welt ist schön.

Novaki – Crna Bara

329 Tageskilometer / 7470 Gesamtkilometer

*Das Versorgungs-
team kümmert sich
mit ausreichend
Wasser um die
Sportler*

Der Expeditions-Tross ist heute wie vom Winde verweht über den halben Balkan verstreut. Für das Lagerteam nichts Neues, das Trio nimmt ohnehin stets die Direttissima, um rechtzeitig einen neuen Stellplatz für die kommende Nacht zu finden. Heute aber gehen auch die Medien und wir Sportler getrennte Wege. Nur Reifenpannen-Joachim wird abkommandiert und fährt im Begleitfahrzeug mit, schließlich brauchen wir täglich frische Fotos. Die anderen drei Medienleute sind mit beiden Caddys unterwegs, um den lädierten Reifen zu ersetzen. Was sich mal wieder als gar nicht so einfach herausstellt, denn die montierten Reifendimensionen scheinen hierzulande nicht eben gängige Wahl zu sein. Nach viel Hin und Her ist dann zwar ein Satz neuer Reifen auf der Vorderachse, aber auch so viel Zeit verloren gegangen, dass wir die Drei erst am Abend wieder zu Gesicht bekommen.

Derweil quälen Christian und ich uns bei Affenhitze weiter ostwärts. Es geht über flaches Land, Ackerbau so weit das Auge reicht. Sonnenblumen und Mais stehen bis zum Horizont, und es gibt nichts, was Schatten spenden würde. Immerhin weht zeitweise ein strammer Rückenwind, er pustet uns förmlich vor sich her. Wenn da nur nicht die ständigen Stopps wären. Wir queren heute gefühlt zigfach Grenzen: zwischen Kroatien und Serbien, Serbien und Ungarn, Ungarn und Serbien, und so weiter. So einfach wie zuvor geht das jetzt ja nicht mehr, Pässe müssen gezeigt, lästige Fragen nach Zollwaren beantwortet, Türen und Heckklappe geöffnet werden. Ganz schlimm wird es beim Grenzübergang nahe Horgos: Die Station an der Landstraße gibt es nicht mehr, also müssen die Räder auf den Heckträger und wir setzen uns über die Autobahn in Richtung Grenze in

*Wir sind schneller!
Diese Art Fahrzeug
überholen wir auf
dem Balkan noch
häufiger*

Bewegung. Nur: Es ist Ferienzeit und auf diese Idee sind halt auch andere gekommen. Wir verbringen für acht Kilometer Strecke anderthalb Stunden im Grenzstau, ehe wir mal wieder in Serbien sind. Liebe Freunde und Meckerer zuhause, ihr wisst gar nicht, was ihr an der EU habt!

Der Elektromotor unter mir summt mit feiner, hoher Stimme sein monotones Lied. Dann ist alles gut. Ich fahre mit hoher Trittfrequenz und die Akkuanzeige verrät mir, dass ich kaum Strom verbrauche. In diesen Tagen sind wieder 75 Kilometer pro Akku drin. Ich denke, trete und schwitze vor mich hin. Bis es wieder heißt: »Pässe bitte!« Als wir auf Sichtweite die Stadt Szeged passieren, haben Christian und ich sofort den gleichen Gedanken: Szegediner Gulasch. Wir haben Hunger! Daraus wird natürlich nichts. Aus dem abkühlenden Regen auch nicht. Gegen Abend fallen die ersten Tropfen, wir freuen uns schon – da versiegt das labende Nass von oben auch schon wieder. Und ich habe mir irgendwie ein paar Brustwirbel verklemmt, was mir das Atmen deutlich erschwert. Heute Abend kommt auf Dietlinde Extra-Arbeit zu.

Was uns heute aber am meisten berührt, sind die Hinterlassenschaften des letzten Balkankrieges, ausgebrochen nach dem Tode von Tito, der das damalige Jugoslawien zusammengehalten hatte. Schon in Kroatien kann man die Spuren der Kämpfe von 1991 bis 1995 noch sehen, stehen immer wieder zerstörte Häuser am Straßenrand. In Serbien aber gehört der Anblick halb zerfallener, verlassener oder ausgebrannter Häuser in vielen Orten zur Normalität. Man mag sich eigentlich nicht vorstellen, welche menschlichen Schicksale sich hinter jedem zerschossenen Haus, hinter rußgeschwärzten Wänden und eingestürzten Dächern verbergen. Umso größer unser Erstaunen, als wir bei einer unserer kurzen Pausen aus dem nahe gelegenen Dorf den Ruf eines Muezzins vernehmen – es haben offenbar auch in Serbien trotz aller Morde und Schlächtereien genug Muslime überlebt, um noch eine Gemeinde bilden zu können. Für uns aber wirkt dieser Teil Serbiens wie eine Ermahnung daran, dass Grausamkeiten in Europa auch nach dem Fall des

Serbische Gastfreundschaft: gemeinsame Tafel im Garten der Familie Mesaros

Sie haben es möglich gemacht: Lagerchef Manfred und Irene, die 24 Jahre in Deutschland gearbeitet hat

Eisernen Vorhangs stattfanden – umso wichtiger, dass endlich Freiheit und Einheit einen festen Fuß fassen, auch und gerade in den Köpfen der Menschen.

Serbien zeigt uns auch ansonsten, dass die Unterschiede innerhalb Europas noch gewaltig sind. Hier und da möchte man meinen, es wäre eine Epidemie ausgebrochen. Ganze Dörfer sind verlassen, Bahnlinien stillgelegt, und die Straßen befinden sich im Stadium fortgeschrittener Auflösung. Geschätzt drei Viertel des hiesigen Fuhrparks stammt aus dem Bestand der deutschen Bundesbürger aus den 1980er-Jahren, der Rest aus Tito-Zeiten. Und die Serben scheinen zwar echte Fahrradfreaks zu sein, die benutzten Räder allerdings haben in aller Regel auch schon mal bessere Tage gesehen.

Wer wenig hat, der teilt viel, so heißt es. Wir können es bestätigen. Am Abend treffen wir uns alle in Crna Bara wieder, einem Dorf nahe der serbisch-rumänischen Grenze. Dort haben Gabor und Marija Mesaros uns auf einer kleinen Wiese hinter ihrem Haus Unterschlupf gewährt. Als Manfred die Hausherrin angesprochen hatte, holte diese sogleich eine Nachbarin herbei: Irene Neradzic ist 79 Jahre alt, hat 24 Jahre lang in Mühlacker in Deutschland gearbeitet und spricht ein grandioses Schwäbisch. Sie dolmetscht Manfreds Bitte weiter. Die Mesaros aber lassen uns nicht nur ihren Hinterhof belagern: Sie versorgen uns mit Eiern und Zwiebeln, Kohlrabi, Pflaumen und, hoppla, selbst gebranntem Aprikosenschnaps. Dietlinde hat mal wieder den Kochlöffel geschwungen, und jetzt laden wir Irene, die Mesaros und ihre beiden Söhne zum gemeinsamen Abendessen ein. Und weil man Gastgeschenke bekanntlich ja nicht ausschlagen darf, gibt es zum Nachtisch eben Hochprozentiges.

Crna Bara – Coronini

266 Tageskilometer / 7736 Gesamtkilometer

Da flimmert nicht nur die Straße – in der Hitze des Balkans flimmert es einem gelegentlich auch vor Augen

Ich habe die halbe Nacht erfolglos Stechmücken gejagt, dann entschieden, mich lieber tot zu stellen. Was die Mücken aber auch nicht abgehalten hat. Gut 20 Stellen jucken jetzt vor sich hin und verbessern meine Laune nicht gerade. Draußen regnet es. Ein fragender Blick zu Christian: Regensachen? Wir entscheiden uns dafür. Allerdings geht uns nach kurzer Zeit auf, dass wir in den Klamotten vermutlich nasser sind als ohne. Das feucht-warme Klima hätte einen wohl auch nackt zum Schwitzen gebracht. Also wieder runter mit dem Regenzeug. Und schon hört es auf zu regnen. Wirklich Abkühlung hat das Ganze wieder nicht gebracht, das Thermometer zeigt um die 30 Grad. Eigentlich

197

können wir nicht meckern, aber heute Morgen entscheidet sich der Wind gegen uns. Er kommt seitlich auf uns zu, verfängt sich in den Speichen, im Helm, im gebeugten Körper und in den Augenhöhlen. Der Blick beißt sich in solchen Momenten am Display fest: »Bloß nicht unter 30 km/h«. Wenn sich diese imaginäre Leistungsmarke nicht halten lässt, beschleicht einen sofort das Gefühl, man würde mit jedem fehlenden Stundenkilometer wertvolle Minuten der abendlichen Ruhephase verlieren.

So kämpfen wir uns weiter durch topfebenes Landwirtschaftsland und atmen allenthalben den in der Luft wehenden Kornstaub ein. Und wir schwitzen. Was vermutlich gut so ist, denn nicht einmal die berühmten Bienen-Kolonien rund um das Städtchen Vrsac kommen in Versuchung, Attacken gegen uns zu fliegen. Anders sehen das allerdings zwei Hunde kurz hinter Bela Crkva (schreibt sich wirklich so und irgendjemand weiß vermutlich auch, wie sich das ausspricht), direkt vor dem Grenzübergang nach Rumänien:

Die gehen kläffend zum Angriff auf Christian und mich über, laufen uns abwechselnd vors Rad, verfolgen uns kilometerweit. Bis zum Schlagbaum getrauen sie sich dann aber doch nicht, vermutlich sind sie keine EU-Bürger, äh, EU-Hunde. Wir aber kehren mit dem Grenzübertritt nach Rumänien erst mal wieder zurück in den Schoß der Europäischen Staatengemeinschaft.

Wir haben allerdings erst mal nicht das Gefühl, wieder in jenem Europa zu sein, das wir zu kennen glaubten. Wir sehen Kinder, die im Qualm brennender Müllhalden nach Essensresten und sonstig verwertbarem Material suchen, Familien, die mitten in der Deponie in notdürftig zusammengebastelten Unterkünften hausen. Christian ist genauso geschockt wie ich: Das darf doch nicht wahr sein! Nicht innerhalb der EU! So etwas gehört auf keinen Fall zu unserem Verständnis von Gemeinschaft, echte Partner dürfen solche Missstände nicht dulden!

Der Radweg verläuft nun eigentlich längs des Nebenflüsschens Nera bis zur Donau. In der Nacht muss es hier aber ganz anders zugegangen sein als bei uns, ein Sturzregen soll die Strecke in ein nur schwer passierbares Schlammbad verwandelt haben. Daher entscheiden wir uns für den direkten Weg zur Donau. Ob das so klug war, bleibt Geschmackssache: Kriegen wir statt Schlamm eben Berg, und wie! In einer schier endlosen Abfolge an steilen Serpentinen geht es bergauf, zum Glück spendet der dichte Wald rechts und links des Weges wenigstens etwas Schatten. Doch die Abfahrt jenseits des Kamms wird uns durch die erneuten Serpentinen etwas vermiest: Da gilt es höllisch aufzupassen, zu schnell um die Ecke zu bügeln wäre hier fatal.

Am späten Nachmittag erreichen wir schließlich die Donau, folgen ihr noch ein Stück des Weges und erreichen bei Coronini an der Innenseite eines Donauknies unser Lager. Es steht direkt am Wasser, das unter der prallen Sonne glitzert und funkelt. Ein friedliches Bild, das darüber hinweg täuscht, dass hier früher eine scharfe Grenze verlief. Drüben auf der anderen Seite lag das damalige Jugoslawien, eine Art Finnland unter umgekehrten Vorzeichen. Titos

Vielvölkerstaat galt zwar als sozialistisch, gehörte aber nicht dem Warschauer Pakt an. Vor allen Dingen: Jugoslawische Grenzer schossen nicht auf die Flüchtlinge vom anderen Ufer der Donau, rumänische dagegen zur Verhinderung der Fluchtversuche umso schärfer.

Das alles scheint nun weit, weit weg. Das Lager wird noch errichtet, streunende Hunde lungern im Gras und schauen interessiert dem Geschehen zu. Enten quaken, eine Rinderherde zieht hinter den Zelten über die große Wiese. Willy schraubt zu Wartungszwecken an den Rädern, die Mediencrew schreibt, bearbeitet Fotos, schneidet Filme. Dietlinde kümmert sich wie jeden Abend um uns, nur dass die Massageliege diesmal nicht in einem Zelt steht: Hier an den Ufern der Donau erfolgt die Behandlung im Freien. Dabei ist es immer wieder spannend, was unsere Medizinfrau nach so einem Tag im Sattel an uns entdeckt. Verhärtungen, Blockaden und Schmerzpunkte, je nach Streckenführung. Schottermäßig durchgerüttelt ergibt »Nacken«. Schlagloch erwischt bringt »Handgelenk«. »Schulter« lautet die Diagnose, wenn man zu lange auf dem Lenker gelegen hat.

Nachdem Christian und ich der Folterbank wieder entkommen sind, füttern wir im Glanze eines traumhaften Sonnenuntergangs erst mal uns selbst und dann die zutraulich werdenden Hunde. Mit der anbrechenden Dunkelheit wetterleuchtet es am anderen Ufer, doch Max behauptet, das sei Gewitter. Wir werden sehen, wer Recht hat. Christian und ich schlafen trotzdem mit offenen Wohnmobiltüren. Der Wind der Donau pustet alle Mücken weg und Angst vor Menschen hatten wir bisher auf der ganzen Tour noch kein einziges Mal. Wir schlafen. Schlafen. Schlafen.

Coronini – Trgoviste

322 Tageskilometer / 8058 Gesamtkilometer

Wir folgen der Grenze zwischen Rumänien und Serbien längs der Donau

Max hatte Recht. Die ganze Nacht über hat es geregnet, geblitzt und gedonnert. Der Morgen empfängt uns mit wolkenverhangenem Grau. Dafür sind die Temperaturen jetzt angenehm. Es liegen nun 200 Kilometer entlang der Donau vor uns. Zunächst rollen wir am nördlichen Ufer noch auf wunderbarem Asphalt, der Wind hat sich versteckt. Gut so. Die Straße scheint zeitweise in den Fels gefräst und folgt in engen Kurven dem Lauf des mächtigen Stroms. Der Blick nach rechts bietet ein phantastisches Panorama, und wie der Fluss sich so tief zwischen steile Felswände gefressen hat, erinnert das Bild an norwegische Fjordlandschaften. Doch weil die Rumänen mit den Wikingern nun wirklich nichts zu tun haben, sondern Nach-

Reich sind die Bauern hier nicht, aber sie haben immerhin ihr Auskommen

fahren der Daker sind, haben sie kurz nach Dubova linkerhand eine imposante 40 Meter hohe Skulptur des dakischen Königs Decebalus aus dem Fels gemeißelt.

Dann reißt der Teer unvermittelt ab. Wir kämpfen mit grobem Schotter und Schlaglöchern, in denen auch ein Auto seine Achsen zerlegen könnte, stöhnen bei den harten Schlägen in den Rücken. Es gilt, extrem vorsichtig zu fahren. Doch es nutzt alles nichts, Christian erwischt es. Sein Hinterrad wird derart zusammengestaucht, dass eine Speiche bricht. Derart lädiert hält die Felge das Geholpere garantiert nicht lange durch. Willy hat jedoch innerhalb von zehn Minuten das Rad gewechselt, und schon kann es weitergehen.

Neben dem Schotter stören jetzt auch die Hunde. Zu gern stürzen sie sich auf fesche Radlerwaden, doch meist genügt ein scharfer Urschrei, und die wilden Kerle bleiben verdutzt stehen. Und dort, wo das nicht ausreicht, da eröffnet der Caddy mit Matthias am Steuer die Jagd auf den Vierbeiner – 140 Pferde unter der Haube flößen noch jedem Wadenbeißer den nötigen Respekt ein und das Duell endet mit der Flucht der potenziellen Killertiere.

Ruinen längst verlassener Wohnblocks und Gerippe von ausgedienten Industrieanlagen und Fabriken säumen hier und da das Ufer. Sie lösen bei uns die Frage aus: Wie konnte man an diesen traumhaften Stellen derart grässlichen Sünden begehen? Es rüttelt weiter, die Handgelenke schmerzen und der Rücken fragt nach, wann denn wieder die liegende Stellung mit den Armen auf dem Lenker ginge. Doch wie um uns an den Hintergrund unserer Unternehmung zu erinnern, tauchen jetzt häufig metallene Beobachtungsstände auf, an denen der Zahn der Zeit bereits mächtig genagt hat. Gut so, ich hoffe sie werden in einem Europa von morgen nie wieder gebraucht.

Kurz vor Drobeta-Turnu Severin bricht die Donau endgültig durch die Felsmassive und strömt in die Ebene – oder besser: sie würde, wenn sie dürfte. Rumänien und das damalige Jugoslawien haben den Fluss jedoch mit einem Damm gezügelt. Hier erzeugen Turbinen Strom, zwei riesige Schleusen regeln den Schiffsverkehr und oben drauf rollt der Autover-

Und in den Dörfern scheint die Zeit still zu stehen

kehr vom einen ins andere Land, und wir hinterher. Damit sind wir wieder in Serbien. Hier werden wir den restlichen Tag verbringen. Zunächst bleiben wir auf Sichtweite mit der Donau, sehen die Insel Simian auf rumänischer Seit und stellen uns nicht zum ersten Mal vor, wie es wohl wäre, wenn wir uns einfach mal in die kalten Fluten stürzen würden. Es ist wieder derart heiß, dass wir in den kurzen Pausen die Sättel abdecken, um uns nicht anschließend die ohnehin arg strapazierten Hintern zu verbrennen.

Im Dorf Kusjak nehmen wir Abschied von der Donau und Kurs ins Landesinnere. Von jetzt an reiten wir über eine Holperpiste dicht an der bulgarischen Grenze entlang. Die Landschaft verändert sich beinahe schlagartig. Es gibt urwaldartige Passagen, in denen wir kaum einmal Menschen antreffen. Es gibt endlose Anstiege in brütender Hitze, auf Straßen, deren Beschaffenheit sich irgendwo zwischen angedachtem Teer und Geröll einordnen lässt. Es gibt Schlangen und Echsen, die sich auf der Fahrbahn aalen. Und zu den Hunden kommen nun auch noch Kühe, die sich gerne bei unserem Kommen erschrecken und dann grundsätzlich in die verkehrte Richtung flüchten – was wiederum zu entsprechend ruckhaften Aktionen mit den Bikes führt.

Am späten Nachmittag begegnen wir einer Beerdigungs-Prozession, die bizarre Züge trägt. Der Pastor sitzt auf einem Trecker, der den Sarg auf einem Anhänger hinter sich herzieht. Dahinter folgt die ausstaffierte Gemeinde im altertümlichen Hofstaat. Diese Karawane nimmt uns das Tempo, denn wir fahren eine ganze Zeit lang pietätvoll hinterher, ehe wir uns zu überholen getrauen.

Als wir endlich am für heute vereinbarten Zielort Knjazevav ankommen, gibt es noch immer keine Nachricht vom Lagerteam. Wir halten im Schatten einer steinernen Einfriedung. Drüben lockt der Timok zu einem Sprung ins Wasser. Und die Stadt mit ihren immerhin gut 20 000 Einwohnern lockt ebenso: Ich bin gerade ganz extrem scharf auf ein kühles Bier. Genau jetzt werden wir aber von einem der vorausgefahrenen Caddy abgeholt. Treu und brav radeln Christian und ich hinterher, nicht ahnend, was uns erwartet. Plötzlich

Die friedliche Abend-stimmung täuscht darüber hinweg, dass auch die Donau einst eine scharfe Grenze war

wird abgebogen, auf die engen Serpentinen eines schmalen Weges, der in die Tiefe zirkelt. Und dann sehen wir schon das Lager. Das heutige Nachtquartier ist schlicht der Hammer, landschaftlich mit Abstand das schönste bisher. Zwei junge Männer namens Milos und Miljan, einheimische Autoschrauber vor dem Herrn und begeisterte Mountainbike-Fahrer, haben das Lagerteam kurz hinter dem Dorf Trgoviste in eine tiefe Schlucht zwischen steilen Felsen geführt. Dort gibt es zwischen dichtem Buschwerk eine Wiese, dahinter fließt ein klarer Bach – ein traumhafter Ort, und eigentlich fehlt jetzt nur noch Winnetou, der auf einem der Felsen erscheint. In Ermangelung der Stammesangehörigen des Apachen-Häuptlings haben eben wir unser Lager errichtet, und jetzt baden wir im kühlen Wasser des Bachlaufs. Es wird gekocht und dann sitzen wir zusammen. Alle Sorgen und Mühen und auch die 322 anstrengenden Radkilometer des Tages sind vergessen. Für den Lacher des Abends aber sorgt Max, als Christian frisch geduscht und nur mit einem locker um die Hüften geschlungenen Badetuch aus dem Wohnmobil steigt. Max ruft in schönstem österreichischen Dialekt, was für einen Berliner schon eine reife Leistung ist, und in Anspielung auf Christians Spitzname »Chrissi«: »Schaut, da kommt die Sissy! Da hoam wir also den Kaiser Franz und die Sissy.«

Trgoviste – Obel

319 Tageskilometer / 8377 Gesamtkilometer

I n diesem landschaftlichen Paradies zu erwachen – kann ich nicht noch ein, zwei Tage bleiben? Kann ich natürlich nicht. Stattdessen das übliche Morgenritual, alles wie immer, runter damit. Keine Gnade. Ich breche die zwölfte Tube Hirschtalk an. Ein Rekord in meiner Karriere. Wir steigen in die Sättel, schrauben uns aus der Schlucht wieder gen Himmel.

Es wird ein guter Tag. Wir rollen durch dampfende Wälder, als die ersten Wärmestrahlen der Sonne die Nachtfeuchte in nebligen Schwaden über den Wipfeln wabern lässt. Passieren schroffe Felsformationen am Wegesrand und einen Wasserfall wie aus dem Bilderbuch. Es ist eine atemberaubend schöne Strecke, immer entlang eines Flusslaufs. Auf steile Felshänge folgen sanfte, hüglige Weidelandschaften in sattem Grün. Hinter dem Ort Temska und nach der Querung der Temstica führt die Straße in einen Canyon, der sich tief in die Landschaft geschliffen hat. Die Gegend nennt sich sinniger Weise »kleiner Colorado«. Wir genießen. Wenn nur die Anstiege nicht wären! Aber was soll es, die gehören mittlerweile ja dazu und wir würden uns wohl sehr wundern, wenn es mal einen ganzen Tag lang nicht so wäre. Wieder wird es einsam und entlegen, unser Tourenbuch warnt gar vor bewaffneten Bauern und Hirten, denen man sich in dieser Gegend auch als Radler respektvoll nähern sollte. Wir machen allerdings keine dieser Bekanntschaften, ganz im Gegenteil, wir hätten uns wohl über die eine oder andere Begegnung mit Menschen gefreut.

Wie aus dem Bilderbuch, da fehlt nur noch ein Märchenprinz

Bei Dimitrovgrad naht der endgültige Abschied von Serbien. Jetzt heißt es aber noch einmal höllisch aufpassen, denn die Fernstraße E80 zur bulgarischen Grenze kennt keine Radsportler. Ein nervenaufreibendes Stück Arbeit, das mit einer einstündigen Wartepause bei der Grenzkontrolle belohnt wird. Hier dürfen auch Radler nicht vorfahren. Hier wird noch scharf bewacht und alles überprüft. Wir sehen die Grenzer mit Spiegeln und kleinen Kameras bewaffnet in jeden Winkel der Fahrzeuge kriechen. Zumindest diese Prozedur brauchen wir Radler nicht über uns ergehen lassen. Ich denke mit Schrecken an den mit Reisegepäck, Akkus, Ladegeräten, Proviant und Ersatzteilen vollgestopften Innenraum unseres Begleitfahrzeugs, der einem Grenzer wohl die Sprache verschlagen dürfte. Und was ist? Riccardo behauptet, der Zöllner hätte nur verzweifelt auf das Chaos geblickt und den Multivan dann schicksalsergeben durchgewinkt. Das ist wohl eine Form der erfolgreich angewandten Chaostheorie.

Die bulgarischen Dörfer in Grenznähe scheinen heute noch wie vor 100 Jahren zu sein

Der erste große Ort in Bulgarien heißt Dragoman. Natürlich ist es jetzt mit dem Schilder lesen nicht mehr so einfach, denn kyrillische Schrift will erst einmal entziffert sein. Unsere Begleitcrew muss nun ganze Arbeit leisten, um vor uns herfahrend die richtige Strecke zu finden. Zumal die Wegführung echt abenteuerlich verläuft. Unser nächster größerer Zielort heißt Kyustendil, man richtet sich jetzt immer nach den fettgeschriebenen Orten, egal, ob die nun 30 Kilometer oder 150 Kilometer entfernt liegen. In Tran nehmen wir uns die Zeit für den kurzen Abstecher zu den Wasserfällen von Erma Gorche. Die bestaunt auch Deyan Todorov.

Der Chirurg aus Sofia war acht Jahre alt, als der Eiserne Vorhang fiel. Seine Familie lebte damals nicht weit von hier, etwa 40 Kilometer von der Grenze nach Jugoslawien entfernt. Auch die Grenzen Bulgariens waren einst undurchlässiger Teil des Eisernen Vorhangs. Den in diesem Gebiet lebenden Bauern wurde sogar ein Kopfgeld für jeden verratenen Flüchtling ausgelobt. Besonders makaber: Die Grenzsoldaten sollen für die Festnahme eines Flüchtlings fünf Tage Sonderurlaub erhalten haben und für die Erschießung zehn Tage. Das muss man sich mal vorstellen! Angst frisst eben doch die Seele auf. Deyan erinnert sich jedenfalls noch allzu gut an die vielen Militärs auf den Straßen, an die langen Warteschlangen in Amtsstuben, wenn Einreisepapiere

Es leben kaum junge Menschen hier, und die Alten haben die Ruhe weg

Sie scheinen sich
aber noch zu lieben –
in den Grenzregionen
Serbiens trifft
man fast nur
alte Menschen

gebraucht wurden für den Besuch der Verwandtschaft, die innerhalb der Sperrzone im Grenzgebiet wohnte. Er ist heilfroh, dass seine Kinder so etwas nicht mehr erleben müssen: »Sie sollen als freie Europäer aufwachsen.«

Auf dem weiteren Weg reisen wir wie in einem geografischen Kaleidoskop. Zunächst eine typische Balkanlandschaft, hügelig, mit Feldern und Wiesen unter brütender Sonne. Dann Afrika. Dichter Busch, eine Straße in desolatem Zustand, übersät mit Schlaglöchern so zahlreich wie die Krater auf dem Mond, mit grobem Asphalt so zerrissen wie das faltige Gesicht eines Hundertjährigen, zerfleddernd wie eine Küste im Meer. Dann das Allgäu, mit saftigen Wiesen und fernen Gipfelketten als Kulisse. Die marode Fahrbahn fordert Christian und mir nicht nur einen ständigen Slalom und das Ertragen der permanenten Erschütterungen ab – die Straße windet sich außerdem lange nach oben, führt dann steil wieder bergab, dann wieder nach oben und dann wieder und so weiter.

Gefühlt bewegen wir uns außerdem durch die Geschichte. Wir passieren Dörfer, in denen gelebt wird wie vor 100 Jahren. Graue, aus grob behauenem Stein gemauerte Häuser, riesige Holzstapel als Vorrat für den nächsten Winter davor, Männer in zerschlissener Arbeitskleidung, alte Frauen mit Kopftüchern – die Moderne mit ihrem hektischen Gelichter und Geflimmer scheint hier weit, weit weg zu sein. Hier herrscht die Armut, und doch winken die Menschen freundlich. Auch später, in der heißen Ebene, präsentiert sich die Region als Armenhaus Europas, sind in abrissreifen Wohnblocks aus sozialistischen Zeiten noch einzelne Teile bewohnt.

Wir leiden und genießen zugleich auf unseren Rädern. Dabei erfordert das Fahren selbst höchste Konzentration. Auch in Bulgarien gibt es neben Hunden noch Kühe, die zwar nicht beißen, aber gelegentlich halt doch recht träge und mächtig im Weg stehen. Und es gibt Schlangen. Sehe ich also, wie sich so ein Lindwurm über die Straße windet. Ich umkurve ihn und warne meinen hinter mir fahrenden Partner: »Achtung Schlange!« Christian aber stutzt: »He?«

Es ist ein einfaches
Leben, und doch
wirken die Menschen
in Mazedonien
zufrieden

Im gleichen Moment richtet sich der reptilienhafte Unhold kurz auf und ich könnte schwören, dass er nach Christians Bein zu schnappen scheint. Der entdeckt jetzt endlich die Gefahr und kreischt auf. Die Sache endet gut, ohne Schlangenbiss. Ich behaupte jedoch, dass mein Kollege danach lange Zeit keinen Schritt mehr ins Gebüsch gewagt hat.

Ab Kyustendil wissen wir, dass wir den größten Teil des Tages abhaken können. Es wird aber noch einmal lustig. Gemeinsam mit dem Begleitfahrzeug suchen wir den richtigen Weg. Wir zeigen Einheimischen unsere Karten und vergessen dabei, dass Kopfnicken und Kopfschütteln hier genau das Umgekehrte von dem bedeuten, was wir daraus folgern würden. Also starten wir in der Überzeugung, gerade gut beraten worden zu sein, in eine Sackgasse, was uns eine gewisse Tempoerhöhung wegen ziemlich scharf wirkenden Wachhunde einbringt, und am Ende den einen oder anderen zusätzlichen Kilometer beschert. Belohnt wird die irrlichternde Suche jedoch mit einem tollen Ausblick auf das Osogovo- und das Rila-Gebirge mit dem höchsten Berg Bulgariens, dem 2925 Meter hohen Musala.

Wieder auf Kurs, nehmen wir die letzten 26 Kilometer in Angriff. Die haben es in sich. Die Straße in Richtung Mazedonien ist ein einziger langer Anstieg, an dessen Ende unser Lager bei Obel in 1001 Metern Höhe auf einer Wiese errichtet ist. Willy, Riccardo und Matthias wechseln am Multivan noch rasch ein Rad, das langsam aber sicher Luft verliert – auch das bleibt nicht aus auf den Straßen des Balkans. Danach präsentieren Olmo und Max auf ihrer Leinwand-Behelfskonstruktion aus Laptop und Campingstuhl den neuesten Clip und ernten auch für diese Filmpremiere wieder viel Beifall. Es ist ein traumhaft schöner Abend, und so sitzen wir noch lange im Schein einer Gaslampe zusammen, lassen den Tag Revue passieren und staunen über den klaren Sternenhimmel. Und während Christian und ich die heute absolvierten 3604 Höhenmeter noch in den Beinen spüren, träumt manch einer aus der Truppe, eingerollt im wärmenden Schlafsack, in 1001 Metern Höhe vermutlich den Traum von 1001 Nacht.

FREITAG, 25. JULI 2014:

Obel – Trigrad

311 Tageskilometer / 8688 Gesamtkilometer

*Der Empfang in
Mazedonien fällt
nicht nur wegen des
Wolfsburg-Banners
freundlich aus*

B rrr – es ist zu spüren, dass wir auf gut 1000 Metern Höhe genächtigt haben. Also kurz noch ein Jäckchen aus der großen Klamottentasche gewühlt und schon sitzen wir wieder auf dem Bock, schaffen die letzten paar Höhenmeter bis zum 1085 Meter hoch gelegenen Grenzübergang Delchevski Prohod. Die Grenzbeamten dort sind nicht nur freundlich, sondern auch interessiert an unserem Vorhaben. Wir plaudern ein wenig auf Englisch, Christian möchte noch einen Stempel als Erinnerung in seinen Reisepass bekommen und kriegt ihn natürlich auch. Mit dieser wunderbaren Begrüßung sind wir im 17. Land unserer Reise angekommen.

Auf dem Land gibt es gefühlt mehr Pferde- fuhrwerke als Autos

Mazedonien besitzt seit 2005 den EU-Kandidatenstatus, über den es bisher allerdings nicht hinaus gekommen ist. Und warum? Weil die Mazedonier sich eben nennen wollen wie sie heißen und obendrein das Sonnenbanner Alexanders des Großen als Staatswappen nutzen, blockieren die Griechen den EU-Beitritt des neuen Nachbarn. Sie haben bei der UNO sogar durchgesetzt, dass sich der junge Balkanstaat offiziell »Ehemalige jugoslawische Republik Mazedonien« nennen muss – wie albern ist das denn?! Eine nette Pointe dazu ist, dass die alten Hellenen (also die Griechen) seiner- zeit die Mazedonier (und damit auch Alexander) gar nicht als Ihresgleichen betrachteten, sondern als grobschlächtige Barbaren aus dem Norden, denen sie sich nur widerwillig beugten. Doch Zeit macht vergesslich und runde 2300 Jah- re später ist der große Alexander zum Nationalhelden Grie- chenlands mutiert, den man auf gar keinen Fall mit einem anderen Volk teilen mag. Die spinnen, die Griechen!

Wir bleiben indes bei der Bezeichnung Mazedonien. Und das Land ist ein Traum. Tolle Landschaften mit dicht bewal- deten Kuppen, felsigen Schluchten und engen Tälern. Da stört es uns nicht einmal, dass die Strecke gelegentlich höl- lisch steil und teuflisch lang bergauf und dann entsprechen halsbrecherisch auch wieder bergab führt. Zumal uns dann der Lohn für alle Mühen erwartet. Wir kommen nach einem erneut ewig langen Anstieg über eine Kuppe und vor uns, genauer unter uns, tut sich eine weite Ebene auf, durch die sich in weiten Bögen der Flusslauf der Struma windet. Dort wollen wir hin, und was das bedeutet, ist klar: Es folgt eine Hammer-Abfahrt.

An deren Anfang steht ein gelbes Schild mit rotem Rand und in der Mitte prangt in schwarzer Schrift die Zahl 30 – wie bitte? Christian und ich blicken uns kurz an, dann beschlie- ßen wir: 30 km/h sind etwas für Autos, nicht für Biker. Und los geht's. Wir halten den Lenker mit eisernem Griff, ducken uns tief in den Fahrtwind und brechen mit einem traumhaf- ten Gefühl die Regeln. Die Straße ist breit, gut ausgebaut, die Kurven sind meist langezogen, trotzdem müssen wir dort oft schwer in Schräglage gehen. Wir überholen Lkw, die

Die Steigung sieht nicht steil aus, aber sie zieht sich!

215

im Schritttempo bergab kriechen, und Pkw, die sich mehr oder weniger an die Vorschriften halten. Das Ende vom Lied: Die beiden Medienfahrzeuge halten mit quietschenden Reifen gerade so mit. Unser Begleitfahrzeug jedoch, hat bei dieser Schussfahrt keine Chance.

15 Minuten dauert diese geradezu rauschhafte Gewaltfahrt, dann sind wir im Tal der Struma angekommen. Dort stehen Pferde und Rinder auf der Weide, es wächst Paprika, Mais, Gemüse und Tabak, im Hintergrund bilden bis zu knapp 3000 Meter hohe Berge eine imposante Kulisse. Durchzogen ist diese Landschaft von Straßen, die im Vergleich zu den Nachbarn auf dem Balkan in gutem Zustand sind. Auf ihnen sind geschätzt aber fast genauso viele Pferdefuhrwerke unterwegs wie Autos und Letztere stammen mehrheitlich aus den 1970er-Jahren aus Westeuropa oder aus jugoslawischen Zeiten. Noch ältere Semester sind die Traktoren. Was außerdem auffällt: Es gibt so gut wie keinen baulichen Zerfall, die Häuser der Dörfer und Bauerngehöfte wirken gepflegt, es ist viel renoviert und neu gebaut worden.

Zum phantastischen Eindruck tragen aber vor allem die Menschen bei, die wir der Einfachheit halber jetzt auch Mazedonier (und nicht etwa Ehemalsjugoslawischerepubliksmazedonier) nennen wollen. Der erste Eindruck täuscht nämlich, und der lautet: Der Großteil der Bevölkerung schießt offenbar gerne scharf, und zwar auf Verkehrsschilder. Wir entdecken kein einziges älteres Schild, das nicht die Spuren von Einschüssen trägt. Ansonsten arbeiten die Menschen hier im Osten des Landes aber eher ganz brav und friedlich in der Landwirtschaft. Doch ob es die Fahrer der Mähdrescher auf dem Weg zur Kornernte, die Bauern und Bäuerinnen auf den Feldern, die alten Frauen in den Dörfern, die Jugendlichen auf dem Kutschbock oder die Autofahrer sind – alle schauen interessiert auf, wenn unsere kleine Kolonne vorbeikommt. Sie winken oder halten den Daumen hoch. Für Christian und mich bedeutet dieses Interesse Anerkennung und Ansporn zugleich. Wir können es gebrauchen.

Nach der nur wenige Stunden dauernden Durchquerung von Mazedonien sind wir wieder in Bulgarien. Und dort war-

Bergauf hat das Begleitfahrzeug keine Mühe, aber bergab kommt es manchmal nicht hinterher

Wir sind guter Dinge – nur noch ein paar Tage bis zum Ziel

tet westlich von Goce Delcer sozusagen die Reifeprüfung auf uns. Ein 14 Kilometer langer Gewaltanstieg, der keine Gnade kennt und auf über 1400 Höhenmeter hinauf führt, gefolgt von einer sechs Kilometer langen Sturzfahrt, die uns in Höllentempo wieder um fast 1000 Höhenmeter nach unten bringt. Echt gemein, so etwas!

Dabei spielen auch noch die Temperaturen verrückt, fallen von eben noch 32 Grad im Flachland auf nicht mal 20 auf der Höhe und springen danach erneut auf mehr als 30 Grad. Nicht mehr ganz so brutal, aber in schöner Regelmäßigkeit wogt dieses Spiel des Hinauf und Hinunter weiter. Ein kleiner Auszug aus dem Spielverlauf: 1167 Meter auf dem Prevedena-Pass, dann wieder runter. 1394 Meter der Palazija-Pass, wieder runter. 1120 Meter am Popski-Pass, und runter. 1200 Meter am Dospat, runter. 1000 Meter der Shiroka Lake, runter. Bis zum Abend werden wir nicht nur 311 Kilometer Strecke unter die Räder genommen, sondern auch rund 4556 Höhenmeter hinter uns gebracht haben – Rekord für unsere Expedition.

Vielleicht liegt es daran, dass zwischen Christian und mir seit langem mal wieder das große Schweigen herrscht. Jedenfalls kann am Ende des Tages keiner von uns wirklich sagen, weshalb wir in diese Schweigsamkeit geraten sind. Ich glaube aber, dass die Strecke uns beide weichgekocht hat. Es sind nicht nur die Höhenmeter, wir sitzen jetzt ja schon den 28. Tag in Folge im Sattel. In den endlos erscheinenden Anstiegen verlieren wir uns heute immer wieder aus den Augen und unser Begleitteam hat ganze Arbeit zu leisten, um uns beide zu versorgen. Mit gesenktem Kopf und auf Lenker und Rahmen tropfendem Schweiß versuchen wir, die Trittfrequenz gleichmäßig hoch zu halten. Der E-Motor klingt angestrengt, fast als wolle er mit meinen Beinen um die Wette ächzen und stöhnen. Es tut heute weh, richtig weh. Doch ich liebe diese Arbeit. Ich existiere. Ich fühle mich.

Jetzt hält uns auch ein Wolkenbruch nicht mehr auf

Am späten Nachmittag bekommen Film und Foto ein weiteres Highlight: Es regnet. Die Mediencrew ist überglücklich: endlich. Bisher war das Spiel nämlich so gelaufen: Wenn es regnete, waren die beiden Caddy meist andernorts unterwegs, auf der Suche nach Geschichten mit Land und Leuten, um Interviews zu führen, kaputte Reifen zu tauschen oder sonst etwas. Mit anderen Worten: Die Medien waren nicht da, um die Naturgewalt zu dokumentieren. Jetzt aber sind sie da, als der Himmel plötzlich seine Pforten öffnet und das nasse Zeugs wie aus Kübeln über Christian und mir ausschüttet. Innerhalb von weniger als einer Minute sind wir komplett durchnässt, die Trikots kleben am Körper, die Haare hängen ins Gesicht, Tropfen kleckern von der Nasenspitze und die Füße bekommen eine zusätzliche Dusche vom Spritzwasser auf der Fahrbahn. Filmer und Fotograf sind begeistert, Christian und ich müssen später wenigstens so tun als ob. Nach einer Viertelstunde ist der Spuk aber auch schon wieder vorbei. Die Sonne kämpft sich wieder durch.

Ein gutes Stück östlich von Dospat verlassen wir die eigentliche Strecke und biegen auf eine enge Nebenstraße in Richtung Trigrad ab. Dort verengt sich das Tal plötzlich zu einer Schlucht mit steilen Felswänden rechts und links, die Straße wird einspurig und führt an einem rauschenden Bach entlang – an der schmalsten Stelle scheinen die Felswände sich in der Höhe beinahe zu berühren, ist der Himmel nicht mehr zu sehen. »Teufelsmaul« nennen die Einheimischen diese gigantisch aussehende Passage und man fragt sich, warum solche Wunder der Natur eigentlich gleich mit dem Beelzebub in Verbindung gebracht werden – Himmelspforte beispielsweise wäre doch auch eine Option gewesen, oder?

Oben im Tal hat das Lagerteam nach viel Sucherei ein Örtchen für unsere Wagenburg gefunden. Es gibt hier weder einen Campingplatz noch offenes Gelände, und die Polizei warnt vor wildem Campen, denn in der Region wüten angeblich nicht gerade zimperliche Räuberbanden. Doch Banko, Beiname schlicht »The Boss«, gewährt uns Unterschlupf auf einer kleinen Wiese direkt bei seinem Berghotel »Trigradski Skali«. Da meine Truppe seit Tagen keine richtige Dusche mehr gesehen hat und vermutlich gen Himmel stinkt wie ein Rudel nasser Hunde, das Hotel aber restlos ausgebucht ist, mieten wir ein Stück weiter talaufwärts in einer Pension ein Zimmer an. Dort stehen dann alle der Reihe nach unter der Dusche, und unbestätigten Gerüchten zufolge soll anschließend die hiesige (vermutlich aber gar nicht existierende) Kläranlage mit dem Abwasser vollkommen überfordert gewesen sein.

Jetzt jedenfalls, wo alle gerade so klinisch rein sind, meint Max, könnten wir doch mal eben bei ihm die Fäden ziehen – ganz schön mutig! Der Filmexperte hatte sich schon in Deutschland eine Zecke im Bart gefangen. Ein eigens aufgesuchter Apotheker riss beim Versuch, den Blutsauger fachmännisch zu entfernen, das Tierchen in zwei Stücke. Der Kopf blieb in Max Haut, und das ist bekanntlich gar nicht gut. Also war er am nächsten Tag im Krankenhaus, wo sie ihm weiträumig Zeckenkopf und Eigenfleisch aus der Backe schnippelten und die offene Wunde dann vernähten. Also mutieren jetzt Christian und Matthias zu Chefärzten, Dietlinde assistiert während der Operation mit der Lupe, ich sorge mit einer Taschenlampe für optimale Ausleuchtung. Dr. Matthias lupft die Fäden mit einer sterilen Pinzette vorsichtig an, sodass Dr. Christian sie mit einer spitzen Schere direkt vor den Knoten durchtrennen kann. Die OP gelingt, doch entdeckt die chirurgische Abteilung bei der Gelegenheit auch ein weißes Haar. Sorry Max, es geht schon los.

Anschließend gibt es zur Feier des Tages ein Abendessen im einfachen, aber gemütlichen Restaurant des Berghotels, mit Fisch, Fleisch und Salat. Und schon geraten wir unversehens in eine private Feier. Es wird zu bulgarischer (oder allgemein balkanischer) Volksmusik getanzt, immer in Reihe, mit Beine schwenken und Arme in die Luft reißen und Hüften zucken und allem Drum und Dran – und wir sitzen mitten drin im Geschehen. Und wie der Abend so belebt ausklingt, stellen wir urplötzlich fest: Es geht ja schon zu Ende mit unserer Expedition! Fast 8700 Kilometer sind zurückgelegt, noch zwei Tage und wir stehen am Ziel unserer Träume an den Stränden des Schwarzen Meeres.

So wildromantisch die Landschaft,
so verwegen manche Brücke

Trigrad – Rizia

298 Tageskilometer / 8986 Gesamtkilometer

Nur noch zwei Etappen. Wir tun uns heute Morgen schwer, quälen uns aus den Schlafsäcken. Die Gesichter sind aufgedunsen, meine Stimme klingt rau. Schmeckt mir Müsli mit Wasser, O-Saft und Haferflocken noch? Keine Ahnung. Da man uns über Nacht weder überfallen noch beklaut hat, steigen wir wie jeden Morgen seit fast einem Monat wieder aufs Rad. Ein Blick in die Karte hat uns belehrt, dass wir auch heute mit einem regelmäßigen Auf und Ab zu rechnen haben, aber bei weitem nicht mehr auf die Höhenmeter der letzten Tage kommen werden. Eigentlich fast schon schade. Und zum Ende des Tages werden wir nach Griechenland rollen. Das vorletzte Land der langen Reise. Da warnt doch gleich meine innere Stimme: Jetzt nur nicht melancholisch werden, das macht die Beine weich.

So verlassen wir unseren Lagerplatz und rollen noch einmal durch diese dem Teufel zugeschriebene Schlucht – sollte der Gehörnte tatsächlich verantwortlich sein für dieses Wunder der Natur, dann hätte er ja tatsächlich mal ein gutes Werk getan. Enge Täler und Schluchten begleiten uns auch in den nächsten Stunden. Die quaderförmigen, weiß getünchten Häuser der Dörfer schmiegen sich dicht gedrängt an steile Hänge. Sie sind durchfurcht von engen Gassen aus grobem Kopfsteinpflaster, über die Dächer ragen schlanke Minarette – dieser Teil Bulgariens ist stark muslimisch geprägt, schließlich war die gesamte Region über Jahrhunderte Teil des Osmanischen Reichs.

In den Schluchten des Balkan – und das soll Teufels Werk sein?

Später nimmt die Landschaft einen dem Schwarzwald nicht unähnlichen Charakter an, sind die Kuppen und Anstiege von dichtem Fichtenwald bestanden. Je mehr wir uns der griechischen Grenze nähern, umso offener, glatter und weitläufiger wird das Land, verdrängen Korn- und Sonnenblumenfelder den Baumbestand. Bis dahin aber heißt es für Christian und mich mal wieder: Berg hoch, Berg runter, und am Ende des Tages werden wir doch wieder 3545 Höhenmeter hinter uns gebracht haben. Ich fühle mich trotzdem gut, habe fast das Gefühl, als hätte ich mich jetzt erst richtig warm gefahren.

Eng schmiegen sich die Bergdörfer in die Hänge

Christian aber ist am Nachmittag müde und ausgelaugt. Man sieht ihm schon seit einigen Tagen die Strapazen deutlich an. Aber er hat durchgehalten. Nur heute, da fällt es ihm schwer. Sehr schwer. Wir haben beide knapp zehn Kilogramm Körpergewicht verloren, das geht nicht spurlos an uns vorbei. Der Unterschied: Mein Körper kennt solche Momente von den früheren Expeditionen, Christian hingegen macht diese Erfahrungen zum ersten Mal. Am Abend gibt er auch zu, dass er heute an seine Grenzen gestoßen ist. Doch er kämpft mit großer Tapferkeit weiter. Ich übernehme die Führungsarbeit allein, spüre, wie ich von Tag zu Tag stärker werde, dass meine Beinmuskulatur mittlerweile fast wie ein Motor funktioniert. Die hohe Trittfrequenz von 100–120 Kurbelumdrehungen scheint jetzt in den Muskelfasern gespeichert und den Rest erledigt der Kopf. Ich könnte noch ewig weiterfahren. Immer weiter. Warum nur bis ans Schwarze Meer, warum nicht bis nach Indien oder sonst wo hin?

Gleich zwei angeknackste Speichen an seinem Hinterrad machen die Sache für Christian nicht leichter. Obwohl das Ding eiert wie ein Hoola-Hoop-Reifen um die Hüften eines ungelenken Anfängers, hält er jedoch den Abstand zu meinem Hinterrad. Willy wird am Abend die Speichen trotzdem tauschen. Wir erreichen den heutigen Lagerplatz nach 298 gefahrenen Kilometern kurz hinter der griechischen Grenze am Dorfrand von Rizia, direkt an einem Bach gelegen. Dietlinde und Detlef haben Spaghetti Carbonara gekocht und alles könnte so schön sein, wenn da nicht die Stechmücken wären. Leute, vergesst Finnland. Das hier ist die wahre Hölle! Trotzdem sitzen wir noch eine Weile im großen Kreis zusammen. Ob ich es will oder nicht, es liegt ja doch für alle spürbar in der Luft, das nahende Ende der Expedition.

Das Fass dient vermutlich nicht als Reservekanister für Benzin

Rizia – Carevo

203 Tageskilometer / 9189 Gesamtkilometer

*Einfach war es nicht,
doch dann sind wir
in der Türkei*

Bin ich glücklich? Bin ich froh darüber, dass wir heute unser Ziel erreichen werden? Nein. Olmo und Matthias haben am gestrigen Abend und heute Morgen noch Interviews mit uns geführt. Wie es uns jetzt geht, was wir mitnehmen, was wir vermissen, was wir denken. Eigentlich viel zu viele Fragen für diesen Moment. Es ist der letzte Fahrtag. Es bleiben gerade mal 200 Kilometer bis zum Ziel. Ein komisches Gefühl. Ich bin so weit weg vom Alltagstrott. In mir ist kein Müssen mehr, sondern nur noch ein großes Wollen. Schon Morgen wird das wieder anders sein. Wir werden zurückfahren, wieder eintauchen in den Alltag.

Gleich nach der Abfahrt aus unserem vorletzten Lager stöpsele ich mir Musik ins Ohr, lasse mich mit Lieblingsliedern durch die Natur tragen. Es ist brütend heiß. Egal. Dann erreichen wir die Grenze zwischen Griechenland und der Türkei. Nicht gerade beste Freunde, die beiden Staaten. Aber ist ein solches Theater zwischen Nato-Partnern, die sich im Zweifelsfall gegenseitig helfen sollen, wirklich nötig? Bis zur Grenzlinie sind die Bordsteine der Straße ganz im griechischen Blau gehalten, danach in türkischem Rot bemalt. Okay. Aber dass auf beiden Seiten schwer bewaffnete Soldaten reglos vor ihren Wachhäuschen stehen und mit ausdruckslosem Blick ihre nur einen Steinwurf entfernten Kollegen auf der anderen Seite anstarren – sind wir denn im Kindergarten?

Zunächst scheint alles kinderleicht. Christian und ich wechseln mit unseren Pässen bewaffnet ohne Probleme über die Grenze in die Türkei. Dort stehen wir dann und warten auf unseren Multivan und die beiden Medien-Autos. Warten. Und warten. Nichts passiert. Niemand kommt. Also wechseln wir, zum Erstaunen der Grenzer, wieder zurück

*Edirne war einst
die Hauptstadt des
Osmanischen Reichs*

auf die griechische Seite. Und dort stehen unsere Fahrzeuge. Die Griechen wollen sie nicht aus dem Land lassen. Obwohl wir alle nötigen Papiere bei uns haben, die dokumentieren, dass die Fahrzeuge zwar Volkswagen gehören, wir aber legitimiert sind, diese in ganz Europa zu fahren, fehlt dem griechischen Grenzbeamten ein Stempel. Nicht irgendeiner, und schon gar nicht der vorhandene von VW. Nein: Er wünscht sich einen Stempel von einem Notar! Auch die Erklärung unserer Expedition kann ihn nicht erweichen, ihm ist das alles egal, der Mann will seinen Stempel. Irgendwann platzt dann zur Überraschung aller ausgerechnet unserem sonst so ruhigen Fotografen der Kragen: Joachim blökt den Grenzer lautstark an, er habe jetzt die Schnauze voll, hier ginge es um Europa, er wolle jetzt einen Vorgesetzten sehen, und zwar sofort, dalli, dalli! Und siehe da, es geschehen noch Wunder auf griechischer Erde – der Stempel war bei genauerer Betrachtung eigentlich gar nicht nötig, nur ein Missverständnis, alles klar.

Die Einfahrt in eine Metropole des Islam vollziehen wir in respektvoll gemäßigtem Tempo

Denken wir. Aber nein. Wir sind zwar aus Griechenland raus, jetzt aber wollen uns die Türken nicht reinlassen. Puuuhhh. Auf irgendeinem Zettel fehlt wieder etwas, da hätten die Griechen etwas eintragen müssen, was sie trotz des einstündigen Zirkus aber leider vergessen haben. Ein Stempel vielleicht? Vermutlich weil Sonntag ist, oder die türkischen Grenzer uns einfach loswerden wollen, hebt sich plötzlich der Schlagbaum, und wir dürfen mit Rädern und Autos endlich in die Türkei.

Wenn wir wollten, würden wir heute aus dem Feiern des »Letzten« gar nicht mehr herauskommen. Die Türkei ist mit Nummer 19 das letzte Land der Reise. Wir werden noch ein letztes Mal eine Grenze passieren, nämlich jene zurück nach Bulgarien. Wir knacken heute die letzte 1000-Kilometer-Marke. Legen die letzte Pause ein. Nehmen irgendwann den letzten Akkuwechsel vor. Zwingen uns das letzte Squeezy rein. Übernehmen die letzte Radflasche. Und fahren dann den letzten Kilometer.

Wir lassen es natürlich bleiben mit der Feierei. Zumal wir schon wieder vollauf damit beschäftigt sind, völlig neue Ein-

So verlockend – da möchte man doch glatt zugreifen

drücke zu verarbeiten. Auf der Fahrt durch den Nordwestzipfel der Türkei geht es zunächst durch Edirne, die frühe Hauptstadt des Osmanischen Reichs, vorbei an der großen Moschee, vorbei an den Cafés, Obst- und Backwarenständen einer Stadt voller geschäftigen Treibens. Männer, die auf den Terrassen der Kaffeehäuser ihren Mokka schlürfen, Frauen in bunten Kleidern beim Einkauf, im Schatten der Platanen spielende Kinder, Hunde und Katzen, die durch die Gassen streunen – es ist eine faszinierende, eine ganz andere Welt als die unsere.

Danach führt die Route über flaches Ackerland, werden kleine, friedliche Dörfer mit eingeschossigen, weiß getünchten Häusern passiert. Der Bikeline-Guide schreibt über die folgende Strecke: »Wegen der schwierigen Weg- und Ausschilderungsverhältnisse in der türkischen Provinz kann die Route nur unter Vorbehalt gelten.« Aha – welche Ausschilderungsverhältnisse? Welche Route? Wir verfahren uns mehrfach gnadenlos, bemerken es nicht, sind begeistert von den verschlafenen Ortschaften, die wir durchfahren, bis wir irgendwann mal wieder an einem Ende stehen, nämlich dem Ende der Schotterstraße am Ende des Dorfs. Doch mit der stets freundlichen Unterstützung von allen Einheimischen, derer wir habhaft werden können und mit denen wir uns unter Zuhilfenahme von Händen und Füßen verständigen, finden wir doch immer einen Ausweg. In Kirklareli dagegen ist gerade Markt – und zwar auf der Durchfahrtsstraße, womit der geplante Weg logischerweise versperrt bleibt. Das Finden eines Umwegs erweist sich hier aber gottlob trotz des hektischen Marktgebarens als nicht allzu schwierig.

Und dann ist er wieder da. Ich hatte den Gegenwind fast schon vermisst. Mit dem erneuten Passieren der Grenze nach Bulgarien bei Malko Tarnovo endet für Christian und mich auch der Traum von einem behaglichen Ausklang des Gewaltritts über flaches Land. Es geht auf den letzten 50 Kilometern ganz im Gegenteil noch ein paar Mal zackig bergauf und dann wieder hinunter. Vor allen Dingen aber befindet sich die Straße in einem katastrophalen Zustand. Sie ist übersät mit Schlaglöchern, Rissen und Verwerfungen, was schnelles Fahren massiv erschwert und noch einmal unsere geschundenen Körper durchwalkt. Ich konzentriere mich so sehr darauf, das Tempo zu halten und dabei das Rad heile zu lassen, dass ich kaum Emotionen erlebe. Eigentlich hatten wir beide erwartet, das Meer schon von weitem zu sehen, es zu riechen. Ich wollte mich hochschaukeln, auf den letzten Kilometern trauern und dann beim Anblick des Meeres absolutes Glück verspüren. Aber nix da. Das Meer versteckt sich. Dichter Wald verhindert praktisch bis an die Stadtgrenze von Carevo den erlösenden Blick auf das Binnenmeer. Und dann ist es plötzlich da. Die Medienleute haben bereits einen passenden Zipfel Küste gefunden, wo wir das Schwarze Meer erreichen sollen. Matthias wartet am Ortseingang und wir folgen dem Caddy hinunter an die Küste.

Dann ist es vollbracht. Heute, am 27. Juli 2014 um 16:15 Uhr Ortszeit, 15:15 mitteleuropäischer Sommerzeit, erreichen Christian und ich bei Carevo das Ende des Europa-Radwegs 13 Iron Curtain Trail. Wir stehen an den Ufern des Schwarzen Meeres. Ein Stück weiter südlich endete bis vor 25 Jahren bei Rezovo auch der Eiserne Vorhang quer durch Europa am Wasser. Auf seinen Spuren sind wir jetzt nach 30 Tagen, insgesamt 9189 absolvierten Kilometern und 56 693 Höhenmetern mit unseren Bikes am Ziel angelangt. Auf einer Felsklippe unweit des Hafens enden unsere Strapazen.

Es ist ein total emotionaler Augenblick. Der Bauch spielt verrückt, mir schießen Tränen in die Augen. Es ist eine Mischung aus Trauer darüber, dass hier etwas zu Ende geht, und Freude über das Erreichte zugleich. Dann siegt die Freude. Und die Erleichterung – beinahe noch ungläubig sehen wir uns an, aber ja, wir haben es tatsächlich geschafft! Christian und ich fallen uns in die Arme. Was für ein Moment! Wir lachen, albern herum und spritzen mit zwei Flaschen Sekt um uns. Die hat das Medienteam im Auftrag meines Töchterchens im zarten Alter von 28 Jahren organisiert. Und weil es erstens so heiß ist, wir uns das zweitens verdient haben und wir drittens total euphorisch sind, springen Christian und ich von der Klippe aus ins Meer. Begleitcrew und Medienleute kommen gleich mit, auch für sie enden hier 30 Tage Schufterei. Und so tollen wir ausgelassen im Wasser herum wie eine Bande kleiner Kinder.

Als ich etwas zur Ruhe komme, das salzige Wasser meinen Körper umspülen lasse und ein lauwarmes Dosenbier schlürfe, wandert mein Blick zum Uferstreifen. Dort stehen unsere Räder. Sie werden jetzt nicht mehr gebraucht. Ein sonderbarer Gedanke. Doch so langsam kann ich mich ein wenig damit anfreunden, morgen nicht aufs Rad steigen zu müssen. Ich muss auch nicht mehr unbedingt weiter bis nach Indien. Jetzt jedenfalls nicht. Jetzt genügt mir das Schwarze Meer. Europa.

Dann ist es vorbei. Wir packen zusammen, fahren ein paar hundert Meter bis zu einem Hafen-Café und trinken dort ein kühles Bier. Anschließend steigen alle, auch Christian und ich, in die Autos und machen uns auf den Weg zum avisierten Campingplatz bei Sozopol. Ich spüre Leere. Das Gefühl des Triumphes ist verflogen, ich bin nur noch müde. So erreichen wir das »Goldfish-Camp«. Das Lagerteam wird vermutlich mit einer Party aufwarten.

Von wegen. Was ist los? Wozu diese betröppelten Gesichter? Das schlechte Gewissen der drei ist förmlich zu spüren, noch ehe sie es herausgedruckst haben: Ein Mannschaftzelt ist leider in Griechenland geblieben. Zusammengelegt und dann vergessen worden. Wie und warum? Keiner weiß es genau. Ich spüre Zorn in mir aufsteigen – so ein wind- und wetterfestes Mannschaftszelt kostet schließlich eine schöne Stange Geld. Doch halt – ich werde mir den letzten Tag dieser Expedition doch nicht durch Kleinkrämerei vermiesen lassen! Und schließlich hat die Lagercrew über Wochen hinweg tagein, tagaus super Arbeit geleistet. Eine Lösung für das Schlafproblem ist ebenfalls schnell gefunden: Nächtigen eben ein paar Teammitglieder in den Autos, nicht sehr bequem, aber machbar.

Wir beschließen den Abend am Meeresstrand. Meine Freude weicht wieder, die Sehnsucht nach dem Weitermachen steigt. Ein halbwegs gekühltes Bier, auf dem Rücken

*Es ist geschafft,
wir stehen nach
9000 Kilometern
am Schwarzen
Meer!*

liegen, die Sterne zählen. Die anderen unterhalten sich, ich schweige meistens. Es hat größere Partys gegeben. Aber dieser Moment passt zum Unternehmen. Ich bin nachdenklicher als sonst durch die Welt gefahren. Ich bin diesmal nicht nur durch Europa, durch mein eigenes Land gefahren, sondern auch durch meine Vergangenheit. Ich habe mit meinen 53 Jahren noch einmal viel gelernt. Über mich, über Freundschaft. Über die menschliche Gemeinschaft, ihre guten Seiten und ihre schlechten. Ich habe begriffen, dass das Vergessen von Geschichte, das Schweigen über die Vergangenheit, auch eine Form der unterlassenen Hilfeleistung ist. Ich bin für die Sache der E-Mobilität und damit für die Zukunft und vor allen Dingen für den Europäischen Gedanken gefahren. Und bin doch erst unterwegs zu einem echten, zu einem bewussten Europäer gereift.

Und Christian? Das, was wir hier gemeinsam erlebt und geleistet haben, das nimmt uns niemand mehr. Diese Expedition hat uns zusammengeschweißt und sie wird uns noch Jahre beschäftigten. Danke, Christian!

Da dürfen endlich auch Champagner-Korken knallen

Empfang in Sofia

Montag, 28. Juli 2014. Der Tag danach. Christian sagt, ich säße lethargisch auf meinem Campingstühlchen. Dabei steht er selbst unschlüssig in der Gegend herum, wie bestellt und nicht abgeholt. So ist das, wenn einem die Routinen abhandenkommen. Wie – kein Radfahren heute? Erstmals seit einem Monat steigen wir nicht am frühen Morgen in den Sattel. Erstmals seit einem Monat fahren wir wieder mit fünf Autos in großer Kolonne. Erstmals seit einem Monat bewegen wir uns mit einer Durchschnittsgeschwindigkeit von mehr als 30, 40 km/h. Die sogenannte Normalität holt uns langsam wieder ein, als wir uns auf den Weg in Richtung Heimat machen.

Am Nachmittag steht noch der Abschluss-Termin in Sofia auf dem Programm. Am Rande von Bulgariens Hauptstadt erwartet man uns bei Porsche Sofia Iztok, dem hiesigen Importeur von VW, Audi und eben Porsche. Die gesamte Führungsriege ist zum Empfang angetreten. Und es scheint, als sei die Presse aus ganz Bulgarien angereist. Auch Peter Kolb, der Ständige Vertreter in der Deutschen Botschaft in Sofia, hat sich die Zeit genommen. Er betont, dass diese Expedition ein Beispiel für die grenzenlose Mobilität auf einem Kontinent darstellt, der bis vor 25 Jahren noch durch Stacheldraht und Ideologien geteilt war: Auch Bulgarien sei heute Teil einer grenzenlosen Idee, die für Freiheit und Demokratie stehe.

Der lange Weg zurück

Nach einer Nacht im Hotel rollt unsere Kolonne Richtung Heimat. Durch Bulgarien, Serbien und Ungarn, über Bratislava in Richtung Prag. Erst etwa 150 Kilometer vor der tschechischen Hauptstadt kommt er für ein paar Stunden zum Stehen, ehe es frühmorgens über Dresden weitergeht nach Magdeburg. 30 Stunden Autobahn mit gelegentlichem Halbschlaf auf dem Beifahrersitz fordern ihren Tribut, wir gönnen uns die Übernachtung in einem einfachen Hotel. Morgen müssen wir noch einmal halbwegs fit aus der Wäsche schauen.

Tag der Abschiede

Donnerstag, 31. Juli 2014. Der letzte Tag des großen Abenteuers. Tag der Empfänge – und der Abschiede. Zunächst erwarten uns im Garten der Braunschweigischen Landessparkasse unter anderem deren Vorstandsmitglieder, die Metropolregions-Geschäftsführung und Pressevertreter mit einem Frühstücksbüffet. Anschließend geht es weiter nach Wolfsburg. Dort steht das Finale an, an der E-Mobility-Station, an jenem Ort, an dem mit dem ersten Vorbereitungsmeeting vor gut einem Jahr das alles begann. Hier wird es jetzt auch enden. Oberbürgermeister Klaus Mohrs lässt es sich nicht nehmen, unser gesamtes Team persönlich zurück in der Heimat zu begrüßen. Thomas Krause tut das in seiner Funktion als Vorstand der Wolfsburg AG, das Land Niedersachsen wird durch die Landtagsabgeordnete Angelika Jahns repräsentiert. Auch unsere Förderer und Partner sind wieder vertreten. Und die Presse. Reden, Interviews, Foto-Shootings, danach noch zwangloses Plaudern bei Häppchen und Kaffee – und schon ist der Nachmittag vorbei. Dann sind wir wieder unter uns. Es ist schon seltsam: Da waren wir 40 Tage zusammen, haben auf engstem Raum miteinander gelebt, gearbeitet und gelacht, ein bisschen gezankt und gelegentlich gestänkert, geschnarcht und vor allen Dingen einander geholfen – und jetzt hört das alles einfach auf. Ein Handschlag, eine Umarmung, ein »bis zum nächsten Mal«, und schon ist es vorbei. So wenig dramatisch und doch berührend. Nach 40 Tagen auf einem gemeinsamen Weg gehen wir jetzt wieder unsere eigenen Wege. Natürlich sind wir alle froh, dass das Abenteuer vorbei ist, wir wieder im Kreise der Familie und Freunde sind, im eigenen Bett schlafen, in aller Ruhe einen Kaffee trinken können. Irgendwie ist es aber auch schade. Frühstück in einer Küche, ohne Mücken und Morgennebel?

Wir sind stolz auf unsere Partner:

Europäisches Parlament | Schirmherrschaft

Schaufenster Emobilität Niedersachsen
Metropolregion Hannover Braunschweig Göttingen Wolfsburg
Allizanz für die Region

VOLKSWAGEN AG
WOLFSBURG AG
Stadt Wolfsburg
Clavey Industrie Service GmbH & Co. KG
SEW-EURODRIVE GmbH & Co KG
Öffentliche Versicherung Braunschweig
Braunschweigische Landessparkasse
MERIDA & CENTURION GERMANY GMBH
ROBEL MOBIL
GONSO Bike & Active GmbH
EBIKE STORE WOLFSBURG
SQUEEZY SPORTS NUTRITION
ABENTEUERHAUS GMBH

und auf alle Menschen, die aktiv an der Umsetzung dieses Projekts teil hatten.

Es ist auch euer Buch.

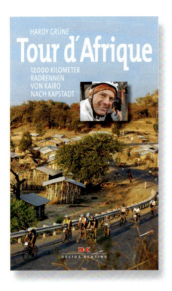
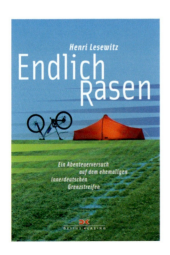